Javier Méndez

LA LENGUA ROTA

Un estudio sobre la fragmentación
del lenguaje en la modernidad tardía

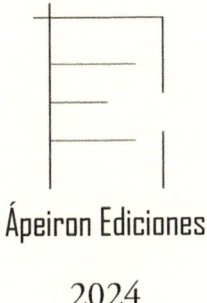

Ápeiron Ediciones

2024

Javier Méndez

LA LENGUA ROTA

Ensayo

arte-facto

1.ª edición en Ápeiron Ediciones, 2024

© Del texto, Javier Méndez Pérez
© Ápeiron Ediciones

C/ Príncipe de Vergara, n.º 132, planta 9
28002 Madrid
Tfno.: (+34) 637 10 99 20
E-mail: info@apeironediciones.com
http://www.apeironediciones.com/

Maquetación y diseño: Ápeiron Ediciones
Ilustración de la portada: ... *per què està aquesta gent tan preocupada?*,
de Josep Renau (de la serie *American Way of Life*), copyright "Fundació
Josep Renau - València"

Papel procedente de fuentes responsables

ISBN: 978-84-129003-2-3
Depósito legal: M-17192-2024

ÍNDICE

Prólogo a esta edición 7
Prólogo para anglosajones 11

I. La palabra secuestrada 17
II. Lengua y mundo 21
III. El problema de la verdad 29
IV. El lenguaje puro 35
V. La lengua rota 41
VI. La fractura lingüística 47
    La ruptura 51
    La fractura 55
VII. El hombre solo 73
VIII. La identidad del yo 79
IX. Utopía y Realismo 87
X. La metafísica de la política
    (o ¿la política como metafísica?) 95
XI. La política de la simulación 103

Epílogo 109

Bibliografía 113

Prólogo a esta edición

Hace años escribí este ensayo como un intento de tesis doctoral que nunca llegó a realizarse. Todavía me acuerdo de mi conversación con Javier Muguerza para proponerle el tema de mi tesis que quería que él me dirigiera (en aquel momento era tan solo un esbozo sobre la fragmentación del pensamiento moderno). Después de explicarle en qué consistiría mi tesis, Javier me miró con esa mirada suya un poco pícara y esbozando una media sonrisa me preguntó: «Javier, ¿de verdad quieres hacer una tesis o liarte con un trabajo que nunca se da por terminado? Las tesis, Javier», me dijo, «se hacen para iniciar una carrera académica y no debieran ser algo muy complicado e innovador. Consisten en elaborar un documento que te permita doctorarte». Le miré a los ojos y respondí que por supuesto que quería hacer una tesis. Entonces, con buen criterio, me insistió en que lo mejor sería que me centrase en un autor y, dado el proyecto que le había presentado, me aconsejaba el filósofo estadounidense Richard Rorty. El resultado fue mi tesis doctoral *Filosofía y contingencia en el pensamiento de Richard Rorty*.

A pesar del trabajo de hacer una tesis, nunca abandoné el proyecto del todo y seguí trabajándolo de alguna manera a la par de las lecturas que iba haciendo para la tesis y que se ajustaban a mi proyecto. Además, todo hay que decirlo, Javier Muguerza tenía razón y R. Rorty llegó a ser un pensador importante en la persecución de la idea que yo tenía.

El libro que autopubliqué con el título *La lengua Rota* era en esencia esa tesis que yo tenía en la cabeza y terminó en convertirse en un ensayo filosófico sobre la fragmentación y pérdida del sentido de la modernidad tardía.

7

Ahora, precisamente, dado los acontecimientos ocurridos en la última década pasada, es cuando el libro puede comprenderse en su complejidad. Vivimos unos momentos de descomposición del orden mundial surgido tras la segunda guerra mundial del siglo XX.[1] Una descomposición debida en parte, a mi modo de ver, de la pérdida de significación de las palabras que han llevado al mundo a un punto de incomunicación terrible. No sé si este punto es debido también, como dice el filósofo Manuel Sacristán en una entrevista en el periódico *La Vanguardia*, a que hemos llegado a las últimas contradicciones del capitalismo, y que es en los Estados Unidos donde veremos la superación de dichas contradicciones hacia un nuevo estado socialista, según lo que predijo Marx. No me parece que los acontecimientos sigan las predicciones marxistas del capitalismo, sino al contrario, el capitalismo se dirige inexorablemente a la autodestrucción y lo que surja se parece cada vez más al periodo de las invasiones bárbaras que siguieron al final del imperio romano. Creo que la situación de los EE. UU. es más parecida a Roma que a Marx. Tampoco creo que podamos conocer y manipular en toda su complejidad las leyes que rigen la evolución social, pero sí podemos atisbar, aunque sea levemente, los procesos de una lógica social que nos pueda indicar los pasos hacia los que se encamina una sociedad en particular. La locura que ha desencadenado la lógica capitalista solo puede llevar a un estado de caos y violencia similar al surgido a la caída del imperio romano en la Europa premedieval, con el desmantelamiento de todas las instituciones que sostienen nuestra civilización. Si después viene algo parecido al socialismo o comunismo es algo que no podemos saber. Como dice Hegel, la lechuza solo levanta el vuelo al anochecer, es decir, en la historia solo se sabe lo que ocurre cuando ocurre. Cuando

---

[1] En un artículo de *The economist* se habla de la fragilidad del orden que gobierna la economía mundial. «https://www.economist.com/leaders/2024/05/09/the-liberal-international-order-is-slowly-coming-apart

8

escribí el libro entonces declaraba el fin de una era y civilización y todo indica que nos abocamos –llevados por unas élites corruptas y egoístas– al abismo de la irracionalidad. El tiempo dirá si lo que aquí se insinúa se cumple o no.

Quiero hacer notar que el libro se escribió hace 14 años y por lo tanto todas las referencias bibliográficas son anteriores a estos últimos años. He hecho algunas actualizaciones menores de datos estadísticos, que confirman la tendencia sugerida, pero en general no he actualizado el ensayo porque creo que tiene más valor como un documento que conserva el sentido con el que se concibió.

PRÓLOGO PARA ANGLOSAJONES

FRANCISCO JAVIER GÓMEZ MARTÍNEZ

El hombre habita en el lenguaje. El lenguaje es, en efecto, el espacio que delimita nuestras posibilidades vitales, porque la realidad se construye, se moldea, con palabras, ideas y conceptos. Nos hacemos, nos forjamos al tiempo que nacen y maduran en nosotros las palabras. Cualquier fractura en el seno del lenguaje es también una fractura en la vida del hombre. *La lengua rota* explora los distintos caminos por los que el hombre se disocia de la realidad cuando el lenguaje nos aleja del mundo. Esto tiene, al principio y al final, una lectura política. La verdad también se moldea, se construye en el lenguaje. Es un asunto decisivo saber si, cuando se petrifican los significados y, con ellos, la posibilidad creadora del lenguaje, están emergiendo los rastros de una lógica de poder.

Frente a esta emergencia de un poder soberano capaz de justificarse a sí mismo, surge la idea de un relativismo amable, que es el propio del ironista. El relativismo amable, inclusivo y democrático, puede ser un antídoto frente a esa tendencia a quebrar el delicado vínculo que une a nuestro lenguaje con la realidad: «*el peligro real es que la ruptura del lenguaje con el mundo produzca una fractura social*».

Al dejar reposar toda la carga significativa del lenguaje sobre los metalenguajes, ese alejamiento se consuma, y se pierde la posibilidad de construir sociedad. Ese gran quebranto limita de forma decisiva las posibilidades también de la reflexión política.

11

Cuando habla de una fractura, o de una ruptura en el seno de la lengua, no se refiere Javier Méndez a una evolución creadora. Ruptura equivale aquí a aislamiento, a pérdida decisiva de las posibilidades de interrelación. Ruptura es quiebra, fracaso de la comunicación. El poder viene a ser aquello que se explica por sí mismo, fenómeno de autoexpresión, como el desenvolvimiento de una ameba.

Observamos aquí la clara influencia de toda la tradición analítica, y de ciertos comunitaristas anglosajones. Por estas páginas desfilan Frege o Austin, pero también Keats o Hofmannsthal, como si fuera necesario invocar, en este trayecto, un delicado, pero poderoso, *esprit de finesse*. Al señalar que el problema de la verdad es, ante todo, un problema lingüístico, el lenguaje se convierte en el seno de la técnica y de la creación, el elemento regulador de la razón y de la sensibilidad. Una visión pluralista de la verdad como aspiración de una comunidad en la que es posible un eficaz intercambio comunicativo. Esto es diferente de defender un escepticismo radical: «*Quien no cree en la verdad, cree en última instancia, en el recurso fiable de decisión, la fuerza*».

El hombre aparece atrapado en una jungla de dualidades, que enfrentan el pensamiento a la realidad, o la teoría a la práctica. El esfuerzo hacia el conocimiento se convierte en un malestar, en una disociación entre individuo y mundo. ¿Cómo sobrellevar esta carga, esta dolosa incomprensión de uno mismo? Desde luego, el malestar no puede desembocar en el aislamiento, en la ruptura definitiva: «*la renuncia al mundo es una renuncia a hablar, a la lengua común como instrumento de comunicación*».

La fractura lingüística es también una ruptura en el seno del ser. El discurso se basta a sí mismo. No exige una referencia externa. Lo perverso de ese lenguaje sin referencia es que puede moldear a su antojo las condiciones de la verdad; establecer la línea divisoria entre lo aceptable y lo inaceptable, sin preocuparse de ningún ajuste con el mundo. Es un discurso desligado de la realidad y de las acciones. Y esto contamina, no sólo la política o la comunicación social, sino también la propia identidad individual. El hombre puede incumplir sus promesas. La propia idea de democracia, de comunidad libre y creadora, está en peligro.

El hombre habla una sola lengua, pero dos lenguajes. Habita en el centro de una disociación; hay una contradicción interna que gobierna su existencia. Del mismo modo, el lenguaje es un duplicado, un alma reflejada: el lenguaje al servicio de una psicología emocional. Por eso es necesario estudiar el alcance, las dimensiones de esa fractura, que convierte a toda lengua en una lengua rota.

De ahí que el séptimo capítulo de este meritorio libro vaya encabezado por un título melancólico, *El hombre solo*, y hable del descrédito de la política, y con ella, de la propia idea de verdad. Para ejemplificar ese ocaso de lo público, el autor remite al mito de Orfeo. Huida de lo común, del espacio compartido. El hombre que esparce toda su fuerza y se reafirma como individuo pierde su crédito como ser social, pierde el lazo solidario que antes daba sentido a su existencia.

Como buen aristotélico, inscrito en la benemérita tradición republicana, Méndez considera que la existencia cobra sentido en la esfera común. Por eso, el esfuerzo de la filosofía sólo tiene sentido, en este contexto de abandono, de huida, como una salida del aislamiento, como recomposición de los lazos comunitarios, como «esfuerzo por evitar el abandono de la polis, el relato de la despedida del hombre social ante el surgimiento y consolidación del hombre solo», del que habló María Zambrano en *El hombre y lo divino*.

El *hombre solo* teje su futuro con desgana, es un hilador de un tiempo que nace muerto. Es imposible, ignorando el pasado, construir un mundo libre de ataduras. Construye ficciones para seguir viviendo, y la política, desprovista de ese lazo con la alteridad solidaria que anima en la experiencia humana, deriva en una *política de lo simbólico*, tan vacía de significado como un rito para invocar la lluvia.

13

Podría esperarse que fueran otras voces, como la del poeta, las que fueran capaces de recomponer esos tejidos desgarrados, capaces de tejer un hilo entre los vivos y los muertos, entre el presente y el pasado. Pero esto no es más que una ilusión. Así, el hombre creador, se convierte en realidad en un hombre desdoblado.

Es también el ocaso de la política, una despedida melancólica, como en la *Oda al ruiseñor* de John Keats. Una despedida triste, pero cargada de dignidad.

La filosofía aparece aquí como el intento de restablecer la identidad perdida del hombre como tal. De ahí la pregunta decisiva, ¿qué es el hombre? Somos, más que un producto de la comunidad, una parte decisiva de la comunidad misma. No podemos aspirar al solipsismo identitario. Con ecos claros de Dilthey y de Ortega, Méndez afirma que la categoría del tiempo es central, diálogo de una conciencia con otras conciencias. En la fractura lingüística asistimos a una negación del tiempo, según la personalidad va siendo sustituida por las máscaras sociales.

Para evitar esa recaída en un mundo grotesco, vacío de significados, Méndez propone una renovada alianza de realismo y utopía, más allá de los límites del autoengaño, como una afirmación de la poderosa dimensión creadora y transformadora de los hombres.

LA LENGUA ROTA

I
LA PALABRA SECUESTRADA[2]

Cuando la sociedad actual está viviendo unos cambios vertiginosos y las nuevas tecnologías lo inundan todo sin dejar tiempo a la reflexión sosegada, a la tranquilidad, o a la profundidad de pensamiento, es cuando con más ahínco hay que reivindicar a Platón, no por su filosofía o pensamiento, sino por su figura como representante de pensador comprometido con la verdad, o más justamente, como buscador de la verdad.

La política y la economía actual están regidas por una apariencia de verdad y construidas en una ortodoxia que parece justificar cualquier acción por disparatada que sea. Hay numerosos ejemplos de la *trampa postmoderna* a la que nos vemos sometidos por el discurso y acción política imperante. Hoy más que nunca, el mundo actual se parece a la famosa caverna platónica. Los habitantes de este planeta confiamos más en sombras que en realidades, y damos por cierto lo que no son más que suposiciones o conjeturas de un mundo cambiante e impredecible en muchos aspectos.

El problema es que hemos renunciado a la construcción de la realidad. La realidad se nos impone con la categoría de verdad absoluta y no puede ser de otra manera, sin ser conscientes de que la realidad, es sobre todo, una construcción histórico-social.[3] La frase del comienzo del libro de Schopen-

---

[2] Este capítulo fue publicado como artículo en *Paideia. Revista de filosofía y didáctica filosófica*, n.º 64, año 2003, pp. 285-296.
[3] Berger y Luckmann: *La construcción social de la realidad*. Amorrortu editores. Buenos Aires, 1984.

hauer e*l mundo es mi representación*, podría bien reformularse *el mundo es <u>nuestra</u>[4] representación*.

Platón y Aristóteles pensaron la filosofía como política, como el pensamiento encaminado a la acción para la construcción o intervención en la sociedad. Algunos filósofos han querido reivindicar la filosofía como *poiesis*, como contemplación estética de esa misma realidad que no hace falta, o no se puede porque es imposible, cambiar. En este sentido, la sociedad se mueve a la manera de las artes cinematográficas: en imágenes. Una imagen es más importante que las palabras y la cultura dominante y del poder empieza a construirse en lenguaje visual. *La naturaleza es un ingrediente clave de la nostalgia moderna por el pasado*[5] y lo es precisamente porque es la misma naturaleza la que se ha perdido. Solo en los ámbitos urbanos se habla de ecología y de cuidado y protección del medioambiente; cuando uno vive la naturaleza no siente la pérdida, la sensación de que algo falta. Esta nostalgia es cubierta por una galería de imágenes que constituyen los populares documentales de naturaleza. Pero esto no es más que una sustitución, al estilo de las sombras de la cueva de Platón.

La cultura es una colección de imágenes del pasado que todos tenemos en la mente. *La cultura de la imagen ocupa un puesto fundamental en la transmisión de perspectivas para interpretar y construir el mundo.*[6] Los políticos tan solo tratan de cultivar estas imágenes y no de construir realidad social. Lo importante es la impresión que globalmente tenemos la mayoría de los ciudadanos de cómo funciona la sociedad, no importa si esa impresión encaja o no con lo que realmente está sucediendo. Pero la nostalgia del pasado puede llevarnos a las

---

[4] El subrayado es del autor.
[5] Mcdonald Jasper, James, *Nostalgia*, en *Diccionario de los Vientos*, Galaxia Gutemberg/Círculos de lectores, Barcelona, 2001, pág. 284.
[6] Lledó, Emilio, *Imágenes y palabras*, Taurus, 1998, pág.150.

orgías más espantosas como demuestra la historia reciente de Europa.

La pregunta es, ¿podemos liberarnos de esas cadenas? Las peores pesadillas ocurren al despertar de un sueño y encontrarnos con una realidad poco atractiva, cruel, inmisericorde. Vivimos un sueño del que no queremos despertar, buscando malos a los que vencer para ocupar nuestra mente en espera de tiempos mejores, al estilo de los vagabundos y marginados que se encuentran tirados durmiendo en la mayoría de las calles de las grandes ciudades, queriendo no despertar para engañar al hambre. Y hambre de espíritu es lo que tiene el hombre postmoderno, pero lo engaña el sueño de la tecnología: de la pantalla de la televisión y del ordenador personal. Cuando el hombre moderno despierte no se encontrará como dice Fukuyama con el fin de la historia, ni con el conflicto de civilizaciones de Huntington, sino con algo mucho más grave: el fin de una civilización, cultura, organización y visión del mundo.

II
LENGUA Y MUNDO

Y un silencio mayor que aquel silencio llenó el mundo
de pronto de veneno, un veneno de hueco; un principio,
no un fin.
J. R. Jiménez (en *Espacio*)

¿Existe una realidad distinta de la que percibimos? No se
trata de hablar aquí de las posibilidades del conocimiento o de
si los sentidos nos engañan o no. Partimos del supuesto de que
la realidad no es más que una construcción histórico-social a
partir de un prediseño mental. Es decir, no conocemos más
que lo que queremos y podemos conocer, según unos modelos
determinantes previos que afectan a los grupos humanos (la
globalización se explica de esta manera como el referente de
estos modelos válidos para toda la especie humana). La ruptura o trasgresión de estos modelos explican el cambio y el
progreso científico. Evidentemente, hay una realidad objetiva
(de cuyas leyes se ocupa la ciencia), pero la organización de esa
realidad en paradigmas explicativos es una creación histórico-social, es decir, de los distintos grupos humanos. De ahí las
diferencias de culturas, religiones, costumbres, (...). Y son estas creaciones colectivas las que posibilitan la acción humana,
sea la científica, la bélica, la de ocio, o cualquier otra. La cuestión que se platearon los filósofos griegos es si ese constructo
responde a una lógica interna del hombre o a una lógica de
poder. En el primer supuesto, el cambio parece imposible, en
el segundo, no solo es posible el cambio sino que exige un esfuerzo adicional por determinar qué es lo que queremos, exige

un estar permanente en la actividad de la decisión: los grandes cambios son grandes rupturas con los esquemas de decisión imperantes. Dentro de una posición inmovilista suelen plantearse las condiciones imperantes como las necesarias y únicas garantes de estabilidad, orden y el mejor bienestar posible porque responden a la verdadera realidad, a la esencia de las cosas, y quebrar la esencia es impedir cualquier posibilidad de desarrollo, es negar la verdadera condición humana y hacerla imposible. A pesar del cambio social evidente que se produce, los inmovilistas apelan constantemente a las esencias patrias o religiosas para evitar cualquier cambio o transformación. Pero es el inmovilismo, paradójicamente, la mejor muestra de la existencia de una lógica de poder.

Las relaciones humanas permitidas y no permitidas dentro de un grupo humano se enmarcan dentro de un corpus teórico de creencias. Estas creencias tienen una base económica, según unas relaciones determinadas por esa misma base (el sistema económico).

La lógica de poder intenta mantener esas relaciones del sistema que favorecen a un grupo (clase según Marx) determinado. Por supuesto, los favorecidos no quieren el cambio, ¿para que cambiar si les va bien tal y como está? Nadie corre riesgos innecesarios. Es más, los favorecidos harán todo lo que esté de su mano para que todo siga igual, acudirán incluso a la mentira, a fabricar explicaciones que justifiquen sus decisiones a favor de ellos mismos, e impedir que aquellos ajenos a su clan puedan tomar parte en el liderazgo de la sociedad.

La realidad se constituye, como nos enseñaron los analíticos, principalmente de manera lingüística. El lenguaje es el primer valedor de los intereses creados, se acomoda a la realidad que intenta explicar, mediante la asociación semántica apropiada, simbólica, que «cumple una variedad de funciones, tales como representar conceptos, dar forma y sentido a la experiencia del hablante o actuar sobre otro hablante. El lenguaje es un sistema de representación semiótica de imágenes mentales de los objetos exteriores».[7] Esta relación del lenguaje con la realidad se actualiza en cada momento y en cada época, no depende del individuo, sino de la colectividad. De aquí se comprende la existencia de dialectos e idiolectos. Aunque cambiante, este sistema lingüístico es bastante estable, es más, la estabilidad es garantía del funcionamiento social, sea la que sea esta estructura social. La ruptura de la relación cuasimágica del lenguaje con la realidad es tremendamente peligrosa. Las reconstrucciones lingüísticas son muy costosas y prolongadas en el tiempo. La neolengua de George Orwell, que aparece en su famosa novela *1984*, es un claro ejemplo de esta situación de ruptura con las consecuencias que ello conlleva. El peligro real es que la ruptura del lenguaje con el mundo produzca una fractura social.[8] La idea no tiene más existencia en tanto que significado, las ideas existen en la medida en que mantienen una conexión con la realidad, *afirman un contenido ideal de realidad*.[9] Al dejar al lenguaje flotar sobre sí mismo, de manera que ya no existe lenguaje, sino que todo es metalenguaje, se pierde la posibilidad de construir sociedad, es decir, se deja de hacer política, se imposibilita el desarrollo social y se impone una lucha sin cuartel, sin reglas, sin un marco estable de funcionamiento que termina en «la muerte del lenguaje, es decir, la desaparición de la sociabilidad».[10] Es por ello que lenguaje y realidad van estrechamente unidos y no se pueden separar uno del otro. La realidad es aprehensible lingüísticamente y el lenguaje toma su contenido de la realidad.

---

[7] Alonso Cortes, Ángel, «El enfoque biológico del lenguaje», *Investigación y Ciencia,* Temas 5, págs. 2 y 4.

[8] «En el caso de la tradición occidental (...), el pacto entre palabra y mundo tienen vigencia hasta la segunda mitad del siglo XIX». Steiner, G., *Después de Babel,* F.C.E. , 1980, pág.189.

[9] «Las ideas no flotan nunca, no son completas en sí mismas, sino que se presentan siempre como conectadas de algún modo a una realidad (...)». Bradley, en Passmore, J., *100 años de filosofía,* Alianza, pág. 162).

[10] Barthes, Roland, *Mitologías,* siglo XXI, 2009, pág. 163.

Lo normal es que las élites que dominan la sociedad quieran dominar el lenguaje, impongan como norma o discurso estándar su creación lingüística. El control del lenguaje es paralelo al control social. Este es el sentido, en las sociedades románicas, de la creación de las Academias de la Lengua, de evitar la experiencia del desmembramiento que el latín había sufrido (claro ejemplo de ruptura lingüística en la historia). El latín solo se pudo reconstruir en las lenguas románicas, pero nunca como Lengua Latina de nuevo, a pesar de los intentos de la Iglesia Católica.

Es importante no confundir ruptura con evolución lingüística. Las lenguas cambian, evolucionan, siguen y se adaptan al paso de las sociedades en donde funcionan. Pero este cambio representa el cambio de intereses de la sociedad, y lo que en realidad ocurre en las lenguas en este caso es una continua actualización de su representación simbólica de la realidad. Ruptura no es cambio. Ruptura es aislamiento, es círculo vicioso, una tautología en donde la justificación última termina en sí misma. No hay posibilidad de falsedad exterior al sistema.[11] Todo es explicable desde dentro y por quienes están dentro. En definitiva, decide *el poder,* o mejor dicho, las decisiones sobre la verdad están en manos de las relaciones e intereses de poder. Un ejemplo de este tipo lo encontramos, hoy en día, en ciertos partidos políticos, en donde lo importante está en lo que dice el jefe y no en los debates internos que se puedan desarrollar en su seno. En lo histórico, la Iglesia, de nuevo, nos ofrece un ejemplo de este tipo de relaciones basadas en el poder: *es preferible quemar al disidente aunque tenga la verdad y la razón.*[12] En última instancia, el lenguaje debe poder permitir decidir sobre la verdad de las cosas apelando a un significado compartido en donde se imponga la evidencia, independientemente de las relaciones de poder o intereses que

---

[11] Cfr. Popper, K., *Conjeturas y refutaciones,* Paidós, 1967.
[12] Giordano Bruno murió quemado como hereje en Roma en 1600.

24

afecte. Es decir, todo el mundo puede y debe intervenir en la construcción de la realidad. Los grupos de expertos sin una legitimación democrática son tremendamente peligrosos.[13]

¿Qué pasa cuando se pierde esta conexión del lenguaje con la realidad? Cuando la actualización de los contenidos semánticos no depende ya de la evolución social, no tiene como referente la sociedad de la que emana, estamos ante el peligro de la ruptura, del abismo de la Nada.[14] La realidad descansa en el hecho de que compartimos el mundo con otros. La percepción que tenemos del mundo está estrechamente ligada a como nos percibimos a nosotros mismos, es decir, la construcción del mundo exterior es paralela a la construcción de nuestra identidad, de nuestro mundo interior, pero si no contamos con supuestos básicos comunes sobre el mundo nuestra identidad se fractura y con ello nuestra percepción de la solidez del entorno.[15]

¿Cómo se llega a esta desnaturalización del lenguaje? ¿Qué ocurre para que se deje al lenguaje flotar sobre sí mismo, sin ningún asidero exterior? Este flotar del lenguaje que es un flotar en el abismo de la Nada que decíamos antes, que no produce nada, es un puro vacío que no es capaz de crear las condiciones donde se da el pensamiento. Para los griegos, «el pensamiento se desvelaba no en el imperio del sacerdote o del rey, sino en la coincidencia de los hombres o en el enfrentamiento de sus opiniones en las que no había, en principio, nada que administrase ese discurso (...). El encuentro con el

---

[13] Justo lo contrario de la definición de Trasímaco según la cual justo es aquello que favorece los intereses del más fuerte. (en Muguerza, J., *Desde la perplejidad*, FCE, 1990, pág. 166.).

[14] En una carta a Cazalis Mallarmé dice: *excavando el verso hasta ese punto he encontrado dos abismos, que me desesperan. Uno es la Nada (...)* (cita en Calusso, R., «La literatura y los dioses», Anagrama, 2002, pág.110). Para Voltaire es un abismo insondable (*Le philosophe ignorant*, pag. 47).

[15] Dietrich Schanitz, prólogo a *Libros, todo lo que hay que leer*, de Christiane Zschirnt, Taurus, pág. 12.

pensamiento tenía que darse (...) en el ágora, en las calles, en los gimnasios (...)».[16] En este sentido, el lenguaje es, ante todo, diálogo: pensamiento que atraviesa y se manifiesta en todos los hombres, que es compartido, «del que en última instancia dependerán también la validez de nuestras creencias y de nuestras convicciones».[17] El peligro empieza cuando deja de ser una propiedad colectiva para ser una imposición. Esto no quiere decir que toda lengua impuesta termine en este proceso inevitablemente. Si algo hemos aprendido los modernos es que no hay nada determinado, todo, o casi todo, es contingente. Pero, indudablemente, estamos en la esfera de lo posible, o mejor dicho en el camino de hacerlo posible. Toda imposición puede ser aceptada, más si va acompañada de violencia: no hay más remedio. Nadie se deja matar por una cosa así. Al fin y al cabo para la función principal del lenguaje: la función comunicativa, sirve cualquier norma mientras no pierda precisamente esa capacidad de comunicar, de instrumento para el intercambio de opiniones, sentimientos, órdenes, instrucciones, etc. Ahora bien, esto exige una gran responsabilidad por parte de los que detentan el poder –el rey, el emperador, la dictadura, la oligarquía–, tienen que mantener el sistema permanentemente en activo y además ser coherente[18] y presentarse, de alguna manera, como *objetivo*.[19] Es el problema de la *legitimación*.[20]

---

[16] Lledó, E., *Introducción a Platón*, Gredos, Madrid, 1981, pág. 13.

[17] Muguerza, J. (1990), *Ob. cit.*, pág.124.

[18] Donald Davidson defiende que la coherencia genera correspondencia, es decir, la coherencia es una prueba de la verdad. Sin coherencia del discurso no puede haber correspondencia con la realidad. «Verdad y conocimiento: una teoría de la coherencia», en *Mente, mundo y acción*, Paidós, 1992.

[19] No como objeto, sino como fuera del sujeto, como norma neutra universal no manipulada.

[20] Para Hans Albert cualquier intento de fundamentación última de normas morales se haya condenado al fracaso, pues habría de enfrentarse con uno de los tres cuernos del trilema de Münchausen. En nuestro caso tropezaría con el tercer cuerno: «ruptura del proceso deductivo» en un punto

Todavía no sabemos cómo se llega a perder la legitimidad. Solo sabemos una de las condiciones para que ello ocurra: la apropiación de la palabra. La pérdida del *diálogo*. Los detentores de la palabra se adueñan de sus significados y utilizan las palabras para sus propios intereses y pueden empezar a jugar con las mismas, pero a un juego perverso, consistente en eliminar toda relación semántica histórica al discurso y continuamente actualizar su referencia de valor de verdad aunque eso signifique precisamente la alteración continua y aleatoria de los significados de las palabras,[21] sin dejar que opere sobre ellas la evolución a la que están sometidas por el cambio social (como se ha dicho más arriba). La consecuencia de este juego peligroso es que se puede llegar a que nadie crea en la realidad de las palabras: «*esas ficciones pueriles e indecentes*»,[22] a un no tener pasado, o mejor dicho, «ya no hay nada del pasado que sea nuestro; ya no hay país de elección, ni salvación mentirosa, ni refugio en lo transcurrido».[23] Las palabras se convierten en las sombras de la caverna de Platón, pura apariencia sin ningún

---

determinado que caprichosamente haga pender todo el cuerpo de leyes o de normas de premisas instituidas de manera dogmática. (Ibíd., pág.126.).

[21] Tucídides en la valoración de las guerras civiles que asolaron Corcira dice: *cambiaron, incluso, el significado ordinario de las palabras referidas a los hechos para justificarse. En efecto, la audacia irreflexiva se llamó valor de camaradería y la espera prudente, cobardía disimulada; la sensatez, disfraz de la falta de valentía y la inteligencia... ociosidad...Y si los violentos merecían siempre la confianza, lo que se les oponían resultaban sospechosos* (*Guerras del Peloponeso*, Libro III, 82). En la guerra contra Irak se dio un asombroso paralelismo: al asesinato en masa se lo llamó libertad, a la hambruna deliberada, ayuda humanitaria, al error militar, fuego amigo, al pacifista, sospechoso de apoyar al terrorismo, a la matanza de inocentes, daños colaterales, etc. (sic). En economía, el capitalismo se llama *economía de mercado*, el imperialismo, *globalización*, los países explotados, *países en vías de desarrollo*, las dictaduras, *regímenes militares*, a la precariedad laboral, *flexibilización de la contratación*, etc.

[22] Cioran, E. M., *Adiós a la filosofía y otros textos*, Alianza, 1980, pág. 50.

[23] *Ob. Cit.*, pág. 154.

27

referente claro. Puro éter aséptico que no dice nada y como el éter de los antiguos que llenaba el espacio, no contiene nada, *horror vacui.*

Y volvemos al principio, lo que tenemos en realidad no es solo una apropiación de la palabra, sino una apropiación de la Verdad. Mejor dicho, precisamente porque hay un secuestro interesado de la palabra a favor de intereses determinados hay un secuestro de la Verdad. Y esta verdad es presentada en relación con lo que interesa preservar, conservar, al inmovilismo más rancio e indecente. La verdad es destruida, reconstruida, vuelta a destruir y reconstruir, desconstruida, vuelta a construir. Al final no hay verdad ninguna. No se puede buscar porque no hay nada que encontrar: no hay en realidad ninguna posibilidad de construir un marco estable de verdad. En este sentido aparecen los sentimientos de angustia, pereza, desánimo, nausea, e impotencia. El hombre que puede desarrollarse en una situación así es el *hombre hueco.*[24] El hombre sin forma, sonido ni color, el hombre sin sentimientos, sin convicciones. El hombre al que todo le da igual, al que le vale lo mismo un roto que un descosido. O como lo expresa el poeta:

> (...) un hueco igual que cualquier hueco, un hueco en otro hueco. Un hueco era el héroe sobre el suelo y bajo el cielo; un hueco, un hueco aplastado por mí, que el aire no llenaba, por mí, por mí; sólo un hueco, un vacío, un heroico secreto de un frío cáncer hueco, un cangrejo hueco, un pobre david hueco.[25]

---

[24] T.S. Eliot lo describe muy bien en su poema: *The Hollow Men*, Collected Poems, 1909-1962, Faber and Faber, London 1963. Jorge Guillén inspirado en este poema escribe: «Somos los hombres intranquilos». Poema «Los intranquilos», en *De Maremágnum.*

[25] Juan Ramón Jiménez, *Espacio,* Antología poética. Cátedra, letras hispánicas, 1993.

III
EL PROBLEMA DE LA VERDAD

No es nada baladí el problema de la verdad, no solo en el lenguaje, sino en otros campos del saber como la historia, la economía, la ciencia en general. El filósofo alemán I. Kant situó el problema en el campo de la experiencia. Fuera de ella no tenemos más que intuiciones, suposiciones, acuerdos, imposiciones. Cuando hablamos, hoy en día, de la Verdad, no hablamos de un concepto trascendental y objetivo que pueda conocerse por sí mismo. De lo que hablamos es de verdades. La Verdad con mayúsculas no sería más que el punto de encuentro entre las diferentes maneras que los hombres tenemos de entender la verdad.[26] La Verdad sería una verdad consensuada por una comunidad ideal de comunicación. Una comunidad formada por individuos potencialmente interesados que, como libres e iguales, podrían participar en una búsqueda cooperativa de la verdad.[27] Para la Ciencia no tiene sentido alguno hablar del concepto de verdad fuera de la misma.[28] Lo problemático de la verdad lo encontramos, siguiendo a Frege, en el sentido y no en la referencia. Al ser el sentido los diferentes modos de designar la referencia, tenemos, pues, expresiones diferentes que se distinguen por la manera como denotan al mismo objeto o individuo. El problema de la verdad es un problema del lenguaje o mejor dicho, un concepto

---

[26] Peirce dice que la verdad es pública. En Habermas, J., *Conocimiento e Interés*, Taurus, 1982, pág. 106.

[27] Es la teoría consensual de Habermas. En Muguerza, J., «La alternativa del disenso», *en El fundamento de los Derechos Humanos*, Debate, 1989.

[28] Ayer, A. J., *Lenguaje, verdad y lógica*, Ed. Martínez Roca, 1965.

semántico.[29] El lenguaje constituyó desde un principio el lugar de la verdad.[30] Es en el lenguaje humano donde, entonces, se da la posibilidad de la verdad, pero no una verdad concluyente, sino una verdad probable.[31] En el campo de las normas o valores morales no se puede hablar de un concepto fuerte de verdad, sino débil, es decir, si es posible hacerla probable. Pero la probabilidad necesita algo más que su proximidad a algo más que a una supuesta verdad utópica.[32] En tal sentido, la verdad es una no-verdad, no existe, es un sueño de la razón, una ilusión o imagen que coloniza nuestra mente. La verdad se inserta dentro de un uso determinado del lenguaje, *depende del juego lingüístico de que se trate.*[33] No hay una relación directa y automática entre un nombre y su referente. Para el filósofo-matemático L. Wittgenstein esto es un caso de primitivismo del lenguaje, una concepción de una idea de un lenguaje primitivo, en definitiva, un uso muy restringido, un juego muy particular del lenguaje pero que no agota ni mucho menos las posibilidades del lenguaje.

A partir de la Ilustración, por tanto, la verdad se configura bajo concepciones pluralistas. El hombre debe renunciar a la imposición de la fe, de la propia verdad como única y absoluta. Surge el concepto de la tolerancia y la verdad pasa a discutirse, a dialogarse, a darse en el seno de una comunidad que abre la posibilidad de la comunicación.[34] Quien no cree

---

[29]Tarski, A, *La concepción semántica de la verdad y los fundamentos de la semántica.* Internet archive (archive.org), pág. 4.

[30] Lledó, E. (1998), *Ob. cit.*, pág. 189.

[31] *Una proposición es verificable (...) siempre y cuando su verdad pueda ser concluyentemente establecida mediante la experiencia.* Ayer (1965), *Ob. cit.*

[32] En palabras de Ortega, *lo falso es la utopía, la verdad no localizada, vista desde «lugar ninguno». El tema de nuestro tiempo, Obras completas,* tomo III, Taurus, pág. 614.

[33] Según el 2.º Wittgenstein, en Hierro Pescador, J., *Principios de Filosofía del Lenguaje,* vol. 2. Alianza, pág. 119.

[34] (...) *sólo allí donde la comunicación falla, comienza el silencio.* Bobbio, N., *Elogio de la templanza.* Temas de Hoy, 1997, pág. 99. Jaspers habla de

en la verdad, cree en última instancia, en el último recurso fiable de decisión, la fuerza. Puesto que no hay nada que defender o, mejor, no hay manera de defender una cosa como más justa que otra, entonces, el único recurso que nos queda es la imposición. Al escéptico le pasa lo mismo que al monista o absolutista. La última palabra la tiene la espada,[35] que es lo mismo que decir que no hay palabra, y por lo tanto, razones.

Los griegos condicionaban su existencia como individuos a la existencia de la polis. Solo en la polis era posible la existencia real, la realización de las esencias, el desvelamiento de la verdad. El hombre bueno estaba en relación con su función social. La virtud o *areté* de un hombre dependía de su éxito social como ciudadano, de la impresión que causaba en las asambleas y tribunales.[36] Sócrates representó el triunfo de la conciencia individual sobre la conciencia social. Salvar el alma es más importante que salvar la polis. Por eso mismo fue condenado a muerte y declarado corruptor de menores, o en terminología actual, hubiera sido declarado subversivo. Para Sócrates, el individuo ya no estaba sujeto a la polis, a lo social, en cuanto que lo social no coincidía con las propias convicciones. El individuo así se desligaba e independizaba del corpus político, no se encontraba comprometido con las decisiones colectivas. La democracia griega no podía, o mejor, no entendía tal actitud. Individuos como Sócrates dejaban vía libre a la tiranía. Sin embargo, ironías de la historia, Platón —debido a la muerte de su amado maestro y amigo Sócrates a manos de la democracia— entendió la tiranía como la degeneración de la democracia. ¿Cómo salvar una concepción esencialista de la verdad sin caer en la tiranía? Este es el problema político de Platón. Solo los más instruidos, aquellos educados en la

---

la verdad como abierta a la comunicación. Abbagnano, N., *Historia de la Filosofía*, vol. 3, Montaner y Simon, Barcelona, 1978, pág. 748.

[35] Mayor Zaragoza, F., *La espada y la palabra,* Asociación española de farmacéuticos de letras y artes, 2002.

[36] Cfr. MacIntyre, A., *Historia de la ética*, Paidós, 1982, págs. 24-34.

búsqueda de las formas, en la contemplación de las ideas, que buscan y conocen la idea suprema del bien, son capaces de ejercer el mejor gobierno de la polis. Platón sigue creyendo en la polis, pero no como consenso o dialogo de *toda* la comunidad política, sino como diálogo de los mejores, de los más capacitados.[37] Es el cristianismo el que va a conseguir la liberación de la sujeción del individuo a la comunidad en cualquiera de sus formas. No es de extrañar que el gobierno propio del cristianismo, en un principio, sea la monarquía. El hombre valora más su alma, su salvación eterna. El hombre bueno es el hombre que obra de acuerdo a su conciencia y no a las leyes. Se le ha achacado al cristianismo muchas veces ser el culpable de la caída del mundo clásico. Si bien es problemático hablar de culpas, podemos hablar, sin embargo, de posibilidades. El cristianismo imposibilitaba la organización social en torno a las polis. Su forma de gobierno no se apoyaba en las renuncias, en la negociación de los intereses individuales, en suma, en el diálogo, la comunicación. Hubo que esperar muchos siglos para que de nuevo se dejase oír la voz en las asambleas, en las plazas, en los mercados, en las calles. La quiebra del espíritu religioso, que dominó Europa durante toda la Edad Media, supuso la quiebra del silencio[38] (evidentemente, el cristianismo no hizo sino confirmar un proceso que empezó mucho antes: con Sócrates, Platón y Aristóteles).

La incredulidad de la vida política quiso ser salvada por Aristóteles bajo la figura del sabio comprometido. El giro aristotélico hacia la felicidad como la preocupación del hombre pos socrático supuso, en definitiva, la defunción del hombre griego identificado con su polis. El universo ya no sería más la

---

[37] Schumpeter y sus seguidores reducen la democracia a un método para la selección de elites. (En Habermas, J., *La reconstrucción del materialismo histórico*, Taurus, 1981, pág.253).

[38] Hizo falta el silencio de Dios para que hablase el hombre de nuevo. Una de las preocupaciones del Papa de la Iglesia Católica, Juan Pablo II, era el silencio de Dios en el mundo actual. (*EL Mundo* 13-12-2002).

polis, sino el mundo griego. La unidad griega bajo Macedonia significó, paradójicamente, la muerte de la visión antropológica clásica. La línea divisoria que Sócrates había trazado entre el individuo y la sociedad se resolvió en un replegamiento hacia la esfera de lo individual, en un cultivo de la vida privada. Ahora el hombre se interroga sobre lo que tiene que hacer para ser feliz. El triunfo de lo individual cerró la posibilidad de desarrollo del hombre griego, le cortó las alas y le hizo, como se dice vulgarmente, morder el polvo. Aristóteles salvó al filósofo muerto con Sócrates al situarlo fuera de la política. El filósofo debe dedicarse al conocimiento y buscarse un hueco dentro del poder pero sin participar de él. La política es parte de una casta aristocrática dedicada solo a gobernar con el consejo, a poder ser, de los filósofos. Y esta tradición de acompañarse de filósofos va a estar muy presente en el Imperio Romano. Después de Aristóteles, los cirenaicos, los estoicos y los epicúreos preparan el camino al cristianismo, pero con una novedad fundamental: el cristianismo da protagonismo también a las clases excluidas de la sociedad greco-romana ofreciéndoles una solución de participación y decisión en el destino de sus propias vidas, ligadas hasta entonces a la propiedad del amo. La caída, pues, del mundo clásico es achacable al agotamiento y renuncia de sus propias formas, a la renuncia del hombre libre a participar de la lógica de poder, de la política. El cristianismo tan solo es oportunista, aprovecha la debilidad del contrario para imponerse, ocupa el vacío dejado por una visión del mundo (o para ser más exactos paradigma explicativo) caduca. El hombre no era solo que no encontrase respuestas de un mundo que veía desmoronarse alrededor, lo más grave era que no encontraba preguntas que hacerse. Cualquier intento de diálogo con el vecino se truncaba en un muro insalvable de lamentaciones y pesimismo. La salvación colectiva era quimérica, sólo podemos aspirar a la salvación individual, del alma propia.

La verdad había quedado relegada entonces fuera de este mundo. ¿Dónde se encuentra la verdad? Dentro del hombre mismo y la búsqueda de la misma pasa por una retirada del mundo. Agustín de Hipona inicia así el camino de interiorización, descubre el diálogo con uno mismo como el diálogo con Dios. Pero la Verdad no habla ya la lengua del mundo sino que se expresa de otra manera. Nuestro fondo común es de naturaleza religiosa. La búsqueda de un lenguaje perfecto va a dominar las preocupaciones escolásticas sobre la lengua original en la que Dios habló a Adán. Una lengua sin ambigüedades, sin retruécanos, trampas escondidas que confunden al hombre. Si la lengua ya no es capaz de expresar el mundo, de ser vehículo de manifestación de la realidad que intenta dar forma, entonces ya no es nada, *flatus vocis*.

IV
EL LENGUAJE PURO

La renuncia al mundo es una renuncia al hablar, a la lengua como instrumento de comunicación. El único diálogo posible es el diálogo del hombre con su propia alma, más que un diálogo es un monólogo. Ahora bien, esto implica la existencia de un lenguaje privado ¿qué características ha de tener un lenguaje de este tipo?

La creación se produjo por un acto de habla de Dios que habla al hombre poniendo toda la creación a su disposición. ¿En qué lengua habló? La tradición va a pensar en una especie de lengua de iluminación interior que es comprendida por un hombre en estado de gracia.[39] Por lo tanto, se trata ahora de buscar ese estado de gracia mediante el cual podamos entender el lenguaje divino, el lenguaje que nos permita hablar con nuestra alma que en definitiva no es más que hablar con Dios. El hombre calla para que Dios hable de nuevo, para que encontremos en nuestro interior ese paraíso perdido. Surgen por toda Europa castillos, fortalezas. aldeas fortificadas. El mundo se vuelve violento, todo el mundo desconfía de todo el mundo. Las gentes buscan la Naturaleza de nuevo. Las ciudades se abandonan, ya no ofrecen la seguridad de antaño, es más, son centros de atracción para el saqueo. Las tribus bárbaras del norte son espoleadas por la imaginación de las riquezas de Roma. El hombre quiere oír la lengua de Dios que se manifiesta por los hechos naturales, busca esa relación directa y univoca de las palabras con las cosas: *una lengua natural, pura.* Y los

---

[39] Eco, U., *La búsqueda de la lengua perfecta*, Grijalbo Mondadori, 1994, pág.18.

hombres se encierran en los monasterios, buscan en el silencio encontrar la palabra libre de los disfraces que los hombres le han puesta a lo largo de la historia,[40] la palabra oculta, la palabra primera que Adán utilizó al nombrar a los animales. Pero precisamente, en este olvidarse de la palabra, en este mirar el mundo natural con ojos nuevos, limpios, llenos del deseo de encontrar a Dios, los monjes descubren la naturaleza, los hechos naturales y empiezan a fijarse en ellos y estudiar sus apariciones. Se dan cuenta que los fenómenos naturales guardan una cierta lógica y empiezan a pensar que esa lengua universal sea la lengua de la naturaleza y esta lengua natural, lenguaje puro, es el lenguaje divino. El habla de Dios se da en la propia naturaleza y sus palabras son los seres que pueblan el mundo, sus verbos las relaciones que mantienen entre ellos los seres; y los ecosistemas, biotopos, etc. no serían más que las oraciones. En definitiva, el discurso de Dios sería la realidad del mundo. Cuando Dios habla tiene su traducción en la naturaleza. Este lenguaje puro no admite la mentira, lo que hay es lo que es y lo que se dice. Si algo no es, no existe, no puede ser dicho, o mejor, no se dice, ni se ha dicho nunca. Si en algún momento se dijera, entonces sería real. Lenguaje y mundo se identifican. El hombre, entonces, descubre los sentidos y que de ellos obtenemos la información, que son ventanas al mundo, filtros de nuestro conocimiento. Una nueva perspectiva se abre ante aquellos monjes encerrados en monasterios en un clima brumoso y húmedo. El franciscano Bacon nos dice que «es necesario sustituir el culto a los libros por el culto a la naturaleza, restaurando con ello la fecundidad de un fecundo connubio con las cosas». Dios habla ante nuestros ojos y lo hace con la *lengua de las mariposas[41]*. En pleno fervor empirista, Galileo

---

[40] «El lenguaje disfraza el pensamiento (...)», Wittgenstein, L., *Tractatus Logico-Philosophicus*, Alianza Universidad, Madrid, 1973, pág.69.
[41] Título de una película de José Luis Cuerda de la relación de un maestro republicano con sus alumnos a quienes le enseña el amor por la naturaleza.

nos recuerda que Dios habla en el lenguaje de la naturaleza, los astros y planetas, y que es tarea del hombre descifrar ese lenguaje. Se impone la idea de un lenguaje universal, una lengua lógica, perfecta, basada en las matemáticas e incapaz de mentir y cuya sintaxis misma engendraría necesariamente un nuevo conocimiento.[42]

Por otro lado, en climas más cálidos y agradables, el hombre se encierra en sí mismo y solo busca dentro de sí. El lenguaje divino solo lo puede comprender el alma y el alma está atrapada en la cárcel del cuerpo. Alma y mundo, espíritu y carne, Dios y Diablo, la mente se constituye en oposición, en binomios de fuerza, alrededor de sí mismos no ven mas que muerte, destrucción, pecado, corrupción y en vez de ver a Dios en el mundo, ven el mundo como obra del diablo.[43] En la búsqueda del espíritu, el espíritu mismo se vuelve intranquilo, se agita desde las profundidades del ser y queriendo manifestarse solo él puro, sin mezclas, impone el sellado de los poros de la piel, cerrar los ojos del cuerpo que nos engañan, taparse los oídos, cortarse las manos y la lengua si es posible. Todo lo que huela a carne está corrompido.

El cristianismo, al separar al individuo de la sociedad en la que se mueve, al situar la realización de la persona en la esfera de la conciencia individual,[44] y no como realización colectiva, social, impide la política, entendida como diálogo en la construcción de lo social. En su versión puritana, definida en su asociación al dinero, la sociedad se define en relación a las posibilidades de realización individual. El hombre no está en función a la sociedad, no *sirve* a la sociedad, sino que es esta última la que debe servir al hombre. La perversión es clara, la imposibilidad de marcos estables de actuación se hace patente.

---

[42] Steiner, G. (1980), *Ob. cit.*, pág.211.

[43] Jacob Boheme llamó al diablo «cocinero de la naturaleza». Cita en Cioran, E.M., (1980), *Ob. Cit.*, pág. 91.

[44] Hegel la llama la conciencia infeliz o desgraciada.

La imposición es la única arma válida. La verdad se impone, se obliga a admitirla. El lenguaje se pervierte, se corrompe, se convierte en instrumento de dominación y no de comunicación. Los medios no importan, solo los fines: *el bien supremo debe cumplirse como promesa establecida por la revelación. Lo ético se impone a la razón, la política se convierte en religión.* Los lenguajes privados luchan entre sí, se enfrentan en el campo abierto de lo público aportando sus propios árbitros.

El cristianismo toma dos vías, la ortodoxa y la pura. La primera se encierra en un círculo ciego que no ve mas que pecado y corrupción, que ve el mundo como la encarnación del mal. En su encierro niegan lo que habían buscado y luchado durante largo tiempo: el hombre mismo, el ser, el individuo y construyen un ente indiferenciado que busca estar libre de toda sospecha. Sobrelleva su contradicción ocultándola, sus preguntas ya no encuentran respuestas en su espíritu sino que espera le sean dadas por la autoridad. La escapada del mundo se vuelve una cárcel: el alma es aprisionada en las cadenas de un pensamiento no libre, inquisitorial. La segunda, la vía pura, busca a Dios fuera de sí y se encuentra al hombre solo como la realización de la radicalidad divina. El hombre despierta y se convierte en individuo libre, sin las cadenas de la ortodoxia. El pensamiento vuela y se atreve a todo, el mundo es visto como la expresión más pura de la realización divina para uso y disfrute del hombre.[45] Unos buscan el lenguaje del alma, otros el lenguaje del mundo. Unos llegan en su radicalidad al misticismo, otros al utilitarismo. El alma religiosa es un alma corrompida, escindida, buscaba la salvación y solo encontró represión.[46] El hombre occidental se escinde, se parte y los dos hombres resultantes de la escisión se niegan el uno al otro, se

---

[45] «También el cristianismo ha hecho su contribución a la ilustración: enseñó la duda moral (...)», en Nietzsche, F., *La Gaya ciencia*, Círculo de Lectores, 2002.

[46] Freud hace un análisis muy lúcido sobre la represión religiosa en su teoría del psicoanálisis.

38

definen por oposición y se afirman en la aniquilación del otro. Dos lenguas mutuamente incomprensibles –de las acciones y de los hechos– que aspiran cada una a explicar la otra, a dominar, a vencer: utilizando la razón de la fuerza o la fuerza de la razón, hasta que encuentren su sitio en Königsberg.

No existen lenguajes privados, ni oteros privilegiados desde los que interpretar el mundo correctamente.[47] Vuelve el dialogo, se abre de nuevo la esperanza a la posibilidad de la comunicación.[48] El ensimismamiento del individuo no deja ver lo que le ocurre al otro. Su principio dominante es el hedonismo y la búsqueda de la propia felicidad, pero escindido, separado, en realidad, como nos dice Hegel, el hombre está enfermo:

> el individuo es un tipo de héroe romántico que sigue su camino a través de un mundo que desdeña (...) descubre que los demás son seres impersonales y sin corazón (...). En nombre de la Virtud se alza en armas contra el Mundo. El Mundo debe ser derrotado por la Virtud en forma tan completa que apenas exista como adversario. Y una vez que el Mundo ya no es el enemigo, la Virtud llegar a ser Virtud en el Mundo (...)[49]

El filósofo de Königsberg marca el campo de actuación de la ciencia y la moral, de la política y la religión. Ambas esferas mutuamente incomprensibles deben respetar los límites de su ámbito de actuación si quieren vivir en paz.

---

[47] «Un lenguaje privado no existe porque no se podría establecer diferencia entre la corrección y la incorrección en su uso; o dicho de otro modo: porque no existiría posibilidad de determinar si se estaba o no siguiendo reglas y cuáles». Hierro S. Pescador, J., *Ob. cit.*, *vol. 2*, pág. 130.

[48] Los jóvenes hegelianos de izquierdas propondrán la versión de la comunidad libre y racional como versión moderna de la polis y del Absoluto de Hegel (MacIntyre, *Ob. cit.,* pág. 203).

[49] Ibíd., pág. 201.

V
LA LENGUA ROTA

Mi caso es, en dos palabras, el siguiente: he perdido completa-
mente la facultad de pensar o hablar con coherencia de cual-
quier cosa (...) porque las palabras abstractas que usa la lengua
de modo natural para sacar a la luz cualquier tipo de juicio se
me deshacían en la boca como hongos podridos.
Hugo von Hofmannsthal (*Carta a Lord Chandor*)

El pensamiento occidental ha mantenido a lo largo de su historia la existencia de dos mundos: un mundo de las ideas y un mundo de las cosas materiales. Para Platón, el máximo exponente del dualismo en la filosofía occidental, la existencia de las ideas era de naturaleza intelectual. Las cosas materiales no eran más que copias del mundo de las ideas cuya existencia era más real que las cosas sensibles. Aristóteles, el *Filósofo*, no creía en esa dualidad platónica de dos realidades diferenciadas. Para él, la dualidad del mundo platónico se daba solo en el pensamiento, no en el mundo real. No veía ideas pululando por el mundo, sino cosas concretas, las sustancias individuales, las *ousías*.

Los hombres son hombres en la medida que piensan, pero este pensamiento que se realiza a través de un logos, no les pertenece enteramente. De alguna forma, el logos se manifiesta a través del pensar humano. De esta manera el hombre individual se hacía universal, idea eterna, alma inmaterial.

En Kant, esta dualidad se expresa entre el deber ser y lo que es. Hay un hiato entre estas dos esferas. El hombre vive una realidad imperfecta que aspira a la perfección. Por esto mismo Marx nos propone que actuemos directamente sobre la realidad para cambiarla y transformarla hacia esa idea de perfección. En definitiva se trata de eliminar esa disociación o abismo entre las dos realidades que configuran al hombre: la idea y la cosa, alma y cuerpo, teoría y práctica, pensamiento y realidad; de encontrar un punto de encuentro entre los dos lenguajes que expresan esas dos realidades.

Esta dualidad se presenta en el hombre contemporáneo de una manera más cruel, más radical si cabe. Dos lenguajes para dos realidades que se manifiestan como mutuamente incomprensibles. Una lengua que se expresa de dos maneras distintas, una se dirige al hombre, al individuo, que se constituye en la palabra individual, en contraposición a la palabra común, a la lengua del mundo que busca el significado colectivo y no privativo.[50] El hombre habla una sola lengua pero dos lenguajes y en el intento de comprender y comprenderse se da cuenta de la contradicción interna que gobierna su existencia, su hacer y quehacer, en definitiva, su estar en el mundo, que se convierte debido a esta misma contradicción en un mal-estar.

¿Cómo salvar esta contradicción? ¿Cómo superar y sobrellevar esta carga de la incomprensión de uno mismo? Esta es la pregunta que el hombre contemporáneo se hace, aunque como todas las preguntas importantes no sea evidente. Las preguntas esenciales no son preguntas formuladas explícitamente, se sobrellevan, anidan en el interior del hombre y le mueven en la búsqueda de las respuestas. Las preguntas esenciales constituyen el estar-en-el-mundo del hombre, la actitud vital, como diría Ortega. Los conflictos individuales se convierten en conflictos colectivos. Las sociedades son agregados de individuos, y como tales agregados traspasan a la colectividad los conflictos de los propios individuos que los forman.

---

[50] «Por lo demás no es solo la palabra individual(...). La expresión está vinculada más bien con un uso lingüístico, según el cual la palabra tiene un significado colectivo e implica una relación social. Gadamer (1971): Acerca de la verdad de la palabra». En Gadamer, H.G., *Arte y verdad de la palabra*, Paidós, Barcelona, 1998, pág. 15.

En literatura se hace evidente la ruptura del lenguaje. El lenguaje se hace intraducible, rompe los moldes lingüísticos y se hace *idiolecto*. En la poesía contemporánea este desgarro lingüístico se hace también patente. La poesía es irreconocible en su parecer a la prosa. No es reconocible ya por el ritmo ni tampoco por el contenido, cuyos temas son los mismos. La única marca distintiva es el verso, un verso libre que a veces, incluso, se confunde con la frase: la prosa poética. La poesía contemporánea es una apariencia de poesía. Paul Celan habla de una *escritura de sombras sobre las piedras*[51]. Escritura del silencio, de lo incomprensible. José Ángel Valente lo llama el lenguaje roto:

> Lo que dije no sé.
>
> la cifra mayor del llanto o de la vida
> de quién la podría tener.
>
> Hay un lenguaje roto
> un orden de las sílabas del mundo.
>
> Descífralo.
>
> Porque algunas de tus palabras
> asaltaran tu sueño, Agone
> para no gemir
> eternas
> en lo oscuro.[52]

Pero también un lenguaje tintado de negros presagios, con un problema insoluble, con una fractura imposible de ser reparada, sellada, de poner puentes sobre el abismo de la contradicción.

---

[51] Steiner, G. (1980), *Ob. cit.*, p. 195.
[52] Valente, J. A., «A los dioses del fondo», en *El Fulgor*. Círculo de Lectores, 1998.

El lenguaje no comunica, se vuelve pues idiolecto interior, rayando el misticismo, los mensajes secretos solo comprensibles por los iniciados, pero ¿qué iniciados? si la misma posibilidad de comunicación entre las personas esta rota, si los puentes lingüísticos ingenuamente tendidos en otras épocas están destruidos, ¿qué podemos hacer? El hombre tiene que andar a saltos, ahora me hablo a mí mismo –al alma, a Dios, a la Nada; ahora doy un salto sobre el precipicio y hablo a los hombres. Pero esta nueva lengua, espejo de la otra (refleja el mundo al revés como nos enseñó Lewis Carrol) sufre una transformación: todas sus partes se revuelven, agitan y dan vueltas y se vuelven a reconstruir. Las referencias, los significados, los sentidos se vuelven confusos, clarificados en el decurso de los intereses creados, de la lógica del poder. El lenguaje es un duplicado, un alma reflejada: *La función del símbolo verbal consiste en mantener unidos por la fuerza lo contradictorio:*[53] lo claro se vuelve oscuro, lo sencillo, complejo, lo evidente, dudoso y el que antes era amigo ahora es enemigo; *la verdad se hace mentira*[54] (fig. 1). Hablo una misma lengua y dos lenguajes intraducibles. El hermetismo es la forma moderna de la rebelión contra la lengua total[55]. Ante la imposibilidad de encontrar tierra firme, de distinguir las formas y solo ver sombras, de no poder ver, como decía María Zambrano, el claro del bosque, algunos filósofos proponen callarse, el silencio. Sólo en la no utilización del lenguaje podemos librarnos de su engaño, de la manipulación a que nos induce, es ilusorio pensar que la verdad se desvele en el lenguaje, que el Ser se nos aparezca lingüísticamente: de ver entre la hojarasca de las palabras.

Pero el silencio no es la respuesta y surge la búsqueda de un lenguaje renovado bajo tres formas: la dislocación, la amalga-

---

[53] Ogden y Richards, *El significado del significado*, Paidós, 1964, pág. 56.

[54] «¡La apariencia no es sólo el adorno del mundo! ¡La mentira revela la auténtica verdad! ¡La mentira es verdad!». Francisco Nieva, *El Mundo*, viernes 4 de junio de 2004.

[55] Steiner, G. (1980), *Ob. cit.*, pág. 195.

ma de lenguas existentes y la búsqueda de un lenguaje de neologismos.[56] Pero ninguna lengua encuentra su sitio, ninguna es capaz de salir del abismo de la privacidad que la domina.

El resultado es que el hombre se encuentra más solo si cabe, más escindido, encerrado en la burbuja de su yo más íntimo por un lado, y en la vorágine del mundo por otro. Encuentra diversión en el sinsentido, en el juego puramente lúdico del lenguaje, un lenguaje para el entretenimiento, para pasar el tiempo, pero incapaz de comunicar, de expresar el pensamiento, de crear sociedad. Nuevas y viejas palabras se recomponen y se asocian libremente, la renuncia al «ser» es patente, deliberada, el abandono del hombre a su suerte es más evidente que nunca.[57]

En su soledad el hombre pierde los valores tradicionales de la religión que le habían permitido anclarse al mundo durante siglos. Ahora todo está permitido, no hay límites para la acción humana ni referentes que le pongan freno. Como dijo Aisha, uno de los hermanos Karamazov, si Dios ha muerto, todo vale.

No obstante, la existencia de Dios no es más ni menos peligrosa que su no existencia. Ya Kant lo dejo claro: no es posible fundamentar la conducta moral en la religión, pero la pregunta es ¿podemos fundamentar una conducta racional? La evolución de la historia en estos últimos siglos parece dejar un regusto amargo, un cierto pesimismo que lleva a una renuncia a la razón como valedora de las acciones humanas. Pero las alternativas asustan hasta lo indecible, la medievalización de la historia puede ocurrir de nuevo. Quizá la historia no sea más que un incesante ir y venir de períodos lúcidos con períodos

---

[56] Ibíd., p 198.
[57] Es lo que Dilthey llama el problema de la relación entre lo individual y lo general que lo intenta salvar con una ciencia o ciencias de la hermenéutica. (En Habermas, J., *Op. cit.* pág. 166 y ss.).

45

oscuros. ¿Y el sentimiento? ¿Dónde queda la sensación pura de nuestra existencia? Otra vez el abismo: *o vivir o pensar o nada.*

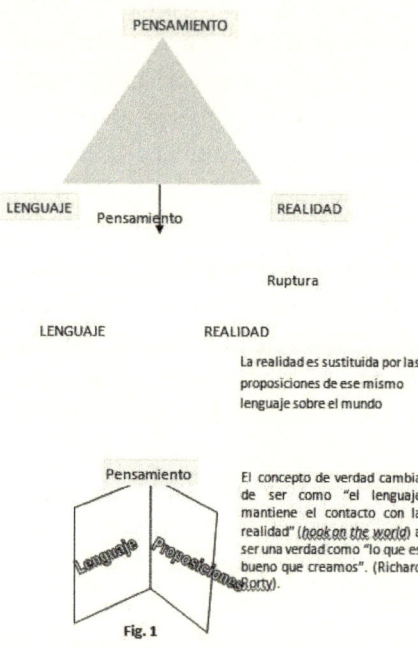

Fig. 1

Explicación: En este esquema vemos como se produce la transformación de una realidad triádica: lenguaje-proposiciones-pensamiento, en una realidad diádica: lenguaje-proposiciones en la que el pensamiento y la realidad quedan eclipsados.

VI
LA FRACTURA LINGÜÍSTICA

> *Criar un animal que tiene el privilegio de po-*
> *der prometer: ¿no es éste el problema intrínseco*
> *del hombre?*
> Hannah Arendt[58]

¿Cómo es posible que a pesar de conocer tanto y tener tantas evidencias del mundo que nos rodea, podamos ser tan fácilmente engañados o que, al menos, ignoremos deliberadamente esas evidencias del mundo y sus consecuencias lógicas que cada uno de nosotros puede fácilmente extraer? Esta es la clásica formulación de «el problema de Orwell» tal y como lo expone Chomsky.[59] El problema es un problema del lenguaje que tiene sus consecuencias políticas. El lenguaje es una facultad humana determinada biológicamente. Esta facultad se hace concreta en las lenguas y su desarrollo depende de los individuos y las colectividades lingüísticas. El desarrollo de una lengua necesita primero el marco biológico donde desarrollarse. Otras especies animales no han desarrollado tal facultad y, a pesar de tener las características físicas apropiadas que les permitan la emisión de sonidos, no pueden ni podrán hablar

---

[58] *Diario de reflexiones,* en *Revista de Occidente,* n.º 270, (nov. 2003), 25. Cita que tiene su origen en Nietzsche, *La genealogía de la moral,* Alianza, pág. 98.
[59] Chomsky, Noam, *El lenguaje y los problemas del conocimiento,* Visor, Madrid, 1989, pág. 9.

nunca aunque el hombre les enseñe.[60] La dificultad estriba en que no existe un marco apropiado de desarrollo; similar a los marcos de los paradigmas de Khun que son necesarios para el descubrimiento científico: sin paradigma no hay ciencia, sin facultad no hay lengua.

El estudio del funcionamiento de la lengua, del lenguaje, del discurso y el habla nos puede ofrecer pistas que nos ayuden a conocer más sobre los comportamientos humanos derivados de la posesión de esta facultad tan específica como es el lenguaje. No nos interesa aquí la búsqueda de una posible gramática universal o de establecer el marco lingüístico universal de desarrollo de las lenguas del hombre, sino más bien se trata de fijarse en el uso de la lengua con el fin de ver los procesos y fenómenos que se dan en el comportamiento lingüístico de los humanos. Las investigaciones sobre los usos del lenguaje son el punto central del 2º Wittgenstein; ya no interesa un lenguaje perfecto incapaz de mentir, de significados unívocos como copias de una realidad exterior.[61] Un lenguaje de tal tipo resulta imposible, la ventaja de la simplicidad y la sencillez se vuelven desventajas comunicativas y exigen una memoria sobrehumana. Nadie, ningún ser humano, sería capaz de manejar y recordar operaciones computacionales conscientes por muy sencillas que estas fueran. El mecanismo del lenguaje opera automáticamente, de manera inconsciente

---

[60] La habilidad de imitar sonidos es un don innato de los niños sin la cual sería imposible adquirir las palabras de la lengua materna. Aunque parezca extraño, la imitación vocal no evolucionó a partir de los primates no humanos, sino que evolucionó de manera propia en la especie humana y la comparte con otras especies más lejanas como los loros y los delfines. Cfr. Hauser, M. D., *La mente moral,* Paidós, 2008, pág. 69.

[61] «La lógica no es mejor, ni más perfecta, que el lenguaje ordinario». Hierro Pescador, J., *Principios de Filosofía del Lenguaje (II)*, Alianza Universidad, 1982, pág. 120. «(...) y lo más que puede decirse es que construimos lenguajes ideales». Wittgenstein, *Investigaciones filosóficas,* Editorial Crítica, Barcelona, 1988, pág. 81.

y cualquier niño puede hablar y aprender su lengua sin necesidad de una instrucción específica, como cualquier padre o madre sabe. El lenguaje perfecto es perfecto para la lógica y las matemáticas pero resulta inútil para la comunicación humana y aquí entiendo comunicación en su sentido más abierto, no solo como transmisión de información sino que abarca todo el espectro de las relaciones humanas.[62] Una de las características del uso del lenguaje en las relaciones humanas es el juego. Los humanos empleamos una cantidad importante de tiempo en jugar con el lenguaje para conocernos. No transmitimos nada, ni comunicamos ninguna información relevante, tan solo establecemos unas pautas que nos permiten acceder al otro por medio de un uso lúdico del lenguaje.[63]

Durante la búsqueda del lenguaje perfecto se intentaba crear un lenguaje unívoco[64] que fuera en la medida de lo posible una copia exacta de la realidad. Si bien dicha búsqueda fue un fracaso, sin embargo, nos dejó cosas muy interesantes por el camino. Frege nos descubrió que toda palabra podía tener varios sentidos pero una sola referencia. La verdad se constituye como la adecuación de los sentidos a la realidad.[65] El significado es

---

[62] Como diría Leopardi: «Una lengua rigurosamente universal, si es que alguna vez hubiera alguna, debería ser indudablemente, por necesidad y por su naturaleza, la más esclava, pobre, tímida, monótona, uniforme, árida y fea lengua, la más incapaz de expresar cualquier tipo de belleza (...) la más exangüe e inanimada y muerta que jamás se pudiera concebir (...)». Leopardi, *Tutte le opere*, Sansoni, Florencia, 1969, vol. II, pág. 814 (en Ecco, U, *La Búsqueda de la lengua perfecta*, Grijalbo Mondadori, 1998, pág. 254).

[63] Wittgenstein entiende el juego lingüístico como parte de una actividad o de una forma de vida». (*Investigaciones*, 23). «Son sistemas de comunicación, son maneras de usar los signos. Hierro pescador, J., Ob. cit., pág. 115.

[64] Peirce habla de la imposibilidad de un lenguaje rígido. Toda lengua, por definición, es flexible, el significado tiene que ser vago: «la vaguedad es la madre de la invención».

[65] La tarea del filósofo norteamericano Richard Rorty es, precisamente, acabar con esta idea de la verdad como «correspondencia con la realidad», en *La filosofía como espejo de la naturaleza*, Cátedra, 2001. También

un concepto global, la suma de todos los sentidos posibles. Por tanto el significado es en realidad una utopía, no podemos apelar más que a aproximaciones parciales, a verdades parciales. La verdad puede, entonces, considerarse como un conjunto de verdades más pequeñas, por lo tanto, ya no hablamos de verdad en el sentido platónico, sino de verdades. Estas son distintos puntos de vista de una misma realidad y por ello mismo pueden dar lugar a diferentes apropiaciones por parte de los diversos grupos sociales que responden a intereses diferentes. La verdad es una representación que se modela en la mente como una imagen formada de impresiones sensibles y de actividades tanto internas como externas.[66] Estas representaciones, imágenes impregnadas de sentimientos, son diferentes adecuaciones a la realidad y dan lugar, por eso mismo, a interpretaciones diferentes de esa realidad, es decir, son siempre subjetivas. Esta diversidad de subjetividades que se da en el lenguaje, en las representaciones, en la manera de ver, que no en los objetos cuya referencia es única, se traspasa a esa misma realidad que quiere explicar y la referencia se vuelve dubitativa, confusa, se vuelve una referencia dudosa. Tenemos, por un lado, una realidad que es referencia de un lenguaje que se expresa en multitud de formas potencialmente infinitas y por otro lado un sujeto, el hombre, que es capaz de percibir esa realidad mediante un instrumento específico de su especie que es el lenguaje, la lengua como facultad de hablar.[67] El hablante percibe la realidad a través de la construcción de una imagen (siempre subjetiva) de la misma y la codifica mediante un

<hr>

el filósofo español, J. Ortega y Gasset, hablaba del perspectivismo como forma de verdad. Para el resto del capítulo recordemos lo dicho sobre la verdad en el cap. III.

[66] Frege, G., *Sentido y referencia*. Ediciones folio, Barcelona, 2002, pág. 56.

[67] «Las palabras (...) no significan nada por sí mismas. Sólo cuando un sujeto pensante hace uso de ellas, representan algo, o, en un sentido, tienen significado. Son instrumentos». Ogden y Richards: *El significado del significado*, Paidós, Barcelona, 1984, pág. 35.

símbolo verbal (la palabra).[68] Es por esto por lo que el lenguaje es impreciso y la imprecisión es, según Cassirer, uno de los grandes méritos del lenguaje pues «lejos de ser un defecto hace de la lengua un medio de comunicación mucho más eficiente».[69]

La ruptura

Los hombres, en vez de fijarse en la realidad misma, prestan más atención al lenguaje y creen por tanto, intuitivamente, que esa realidad que objetivamente es única es en realidad múltiple.[70] Los significados se especifican en relación unos con otros y la consecuencia siguiente es que se rompe la adecuación del lenguaje con la realidad (fig. 2).

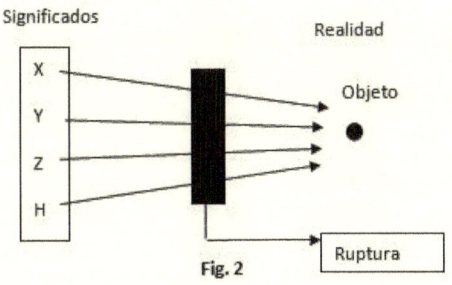

Fig. 2

---

[68] Castilla del Pino, C., *Introducción a la hermenéutica del lenguaje*, Ediciones Península, Barcelona, 1972, pág. 54.
[69] Lyon, J., *Introducción en la lingüística teórica*, Teide, Barcelona, 1979, pág. 439.
[70] Aquí hablamos, obviamente, del lenguaje de los hechos, de las cosas existentes.

La lengua queda separada de la realidad objetiva y se constituye en una realidad independiente pero que aspira a ser la expresión objetiva de esa realidad que niega, mediante la sustitución de la realidad por representaciones (imágenes) subjetivas de esa misma realidad. Estas mismas representaciones se convierten en la referencia del discurso. En este momento es, entonces, cuando se siente la necesidad de una búsqueda de criterios para definir la verdad y es también en este momento cuando entran las fuerzas sociales con sus intereses de clase y económicos para la definición del criterio de verdad. Y ocurre que al final el único criterio de verdad es la fuerza pues, como dice Hegel, a un argumento se le puede oponer otro argumento y todos los argumentos tienen su base de razón y de verdad. Y en el campo de batalla del lenguaje, como en el militar, solo se puede imponer aquel que vaya mejor pertrechado, que cuente con el ejército más preparado y mejor organizado.

Pensamiento o Referencia

Palabra o Símbolo — Fig. 3 — Objeto o referente

El precio del triunfo de una opción (interpretación de la realidad) sobre las demás es la creación de un lenguaje semánticamente cerrado, mono semántico: no admite nuevos significados. Este lenguaje se vuelve dogmático y absoluto y se presenta como la única lengua posible, la lengua de la verdad, pero, en realidad, se cae bajo el sueño (o la falacia) de la lengua natural.[71]

Es una ruptura de la función simbólica tal y como la establecieron Ogden y Richard en su clásico triangulo (fig. 3). Según Ogden y Richards lo que tenemos es una mediación del lenguaje a través del pensamiento que pone en relación los significantes con la realidad. No hay una relación directa entre las palabras y las cosas: *La realidad es interpretada.*[72] Esta interpretación ocurre tanto por parte del que habla como del que escucha. El esquema de Bühler (fig. 4) de las funciones lingüísticas complementa el clásico de Ogden y Richards, al considerar insuficiente la descripción del lenguaje humano como un mero sistema de símbolos de cosas o fenómenos existentes.[73]

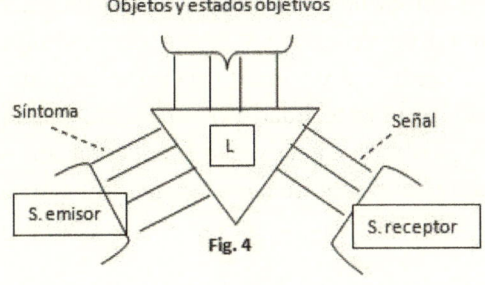

---

[71] Hay un chiste que contaba el humorista catalán Eugenio que refleja este hecho, cuando cuenta que un hombre se extrañaba que los franceses llamaran al queso *fromage* cuando al pan lo llaman *pain* y al vino *vin*. El hombre creía en la lengua natural y todo lo que se desvía de ella no es válido.

[72] Está relación se plasmó en el famoso triangulo de Ogden y Richards, *Ob. cit.*, pág. 36.

[73] Malmberg, Bertil, *La lengua y el hombre,* Ediciones Istmo, Madrid, 1966, pág. 44.

Bühler introduce las funciones de síntoma y señal y el lenguaje humano aparece ahora como un sistema de comunicación y no sólo como la forma de expresar o dar forma al pensamiento. En la ruptura del lenguaje las funciones siguen operando en la comunicación pero el pensamiento ha perdido toda conexión con la realidad (ha perdido la función simbólica).[74] No hay comprobación empírica. El lenguaje roto es un lenguaje retórico.[75] Sin embargo, en la ruptura todavía el lenguaje mantiene unos residuos de contacto con la realidad objetiva a través de las imágenes fabricadas a partir de los objetos, si bien el sentido de esas imágenes es arbitrario y subjetivo, sin capacidad de ser sometido a la intersubjetividad. En realidad, lo que ocurre es que estas imágenes, asociaciones, etc. que permiten la interpretación se colocan en el mismo lugar que las cosas, los referentes, los objetos de la realidad que interpretan, de modo que producen una extrema confusión en la mente de los sujetos.[76] Pensamiento y objeto se identifican. El lenguaje se convierte en un velo, en un cristal ahumado que deforma una realidad perdida al ser sustituida por el pensamiento. Hay una sustitución de la realidad por un universo simbólico expresado por palabras: «la actividad intelectual une los trozos y fragmentos que el poder de la imaginación ha arrancado a su

---

[74] El lenguaje permite la sustitución de la realidad por un universo simbólico que el sujeto proyecta sobre la realidad. El lenguaje roto ha perdido esta proyección, es el lenguaje que usa Don Quijote en su locura: un lenguaje vistoso y sonoro, lleno de ideales pero falto de concreción material como siempre nos recuerda Sancho, su escudero.

[75] Derrida extrae la conclusión del inevitable carácter retórico de todo lenguaje, incluido el filosófico, de que todo es lo mismo. Para Derrida, en la noche de la «escritura» todos los gatos son pardos. En Habermas, J., *Ensayos políticos*, Ediciones Península, Barcelona, 2002, pág. 273.

[76] «Los filósofos se han visto obligados, de esta manera, a colocar a por ej. Guadarrama, la gripe, la Reina Cristina y en verdad todo el universo también dentro de su cabeza (...) o por lo menos en su mente, de tal guisa que todos estos objetos se vuelven por consiguiente mentales». En Ogden y Richards, *Ob. cit.*, pág. 46.

contexto propio, recomponiendo violentamente con ellos una nueva unidad que genera un nuevo significado inesperado».[77]

Por otro lado puede ocurrir que el lenguaje se quede sin referencia, que no sea posible establecer una referencia objetiva del discurso ni siquiera como imagen subjetiva, que no sea capaz de generar nuevos significados. En este caso no se da una mera ruptura sino que ocurre un proceso que llamamos de *fractura lingüística*.[78]

La fractura

El lenguaje que carece de cualquier referencia es puro metalenguaje que no tiene ninguna realidad objetiva, ni siquiera las imágenes o asociaciones que se encuentran en la mente. Austin nos dice que la referencia es necesaria para la verdad y para la falsedad. Si una proposición u oración carece de referencia no podemos decir que es falso[79] (aunque en sentido

---

[77] Žižek, S., *El espinoso sujeto*, Paidós, 2001, págs. 46 y 167ss.

[78] George Steiner habla también de choques sísmicos o fracturas del lenguaje como la ruptura del acuerdo primordial entre la palabra y el mundo, pero a mi modo de entender no llega a expresar el concepto de fractura lingüística como momento de la dialéctica lógica de la historia. En efecto, para Steiner son momentos *intermitentes y ocasionales* en el ámbito de la creación humana pero sin un correlato en la vida social del hombre; son momentos aislados, sin ninguna significación objetiva. Steiner, G., *Gramáticas de la creación*, Siruela, 2001, pág. 271. Para Žižek, la fractura sería el dominio entre dos muertes: la simbólica y la real: «al suspenderse la eficiencia de lo Simbólico, se corta el lazo entre las otras dos dimensiones (Imaginaria y Real) que sostienen nuestro "sentido de la realidad"». Žižek, *Op. Cit.*, pág. 168.

Un ejemplo claro de este fenómeno lo tenemos en la idea de Dios. La idea de Dios es un concepto que ha perdido claramente cualquier referencia con la realidad. No hay nada, ninguna referencia a la que podamos asignar la palabra Dios. Es un concepto vacío al que le podemos asignar cualquier cosa.

[79] Austin, J. L., *Cómo hacer cosas con palabras*, Paidós, 1981.

estricto tampoco que es verdadero). Un lenguaje sin referencia puede construir un discurso que a su vez se sustente en sí mismo, que no tenga ninguna posibilidad de corroboración externa, aunque tenga sentido, según Frege. El discurso ya no tiene validez objetiva de verdad, tan solo argumentativa.[80] Para que el discurso tenga validez de verdad debería estar apoyado o refrendado por una realidad exterior o por una acción. Lo que ocurre finalmente es que *la palabra ocupa por completo el lugar del pensamiento*.[81] Es el lenguaje que no puede comunicar, que expresa solo ideas pero no transmite, impone. Es un lenguaje que ha perdido la posibilidad de compartir, de crear comunicación.[82] Este fenómeno, puede ilustrase con el siguiente esquema (figura 5).

---

[80] Habermas, J., *Conocimiento e interés*, Taurus, 1982.

[81] Ogden y Richards, *Ob. cit.*, pág. 66. Un ejemplo de esto lo podemos observar en la película de Terry Gillian (1985) *Brazil*, en donde en un mundo dominado por las máquinas, no hay pensamiento, solo palabras.

[82] Es, según Heidegger, la devastación del lenguaje, la decadencia actual del lenguaje que va cayendo de modo irrefrenable fuera de su elemento: ser la casa de la verdad del ser. En Heidegger, *Carta sobre el humanismo*, Alianza, 2000, pág. 19.

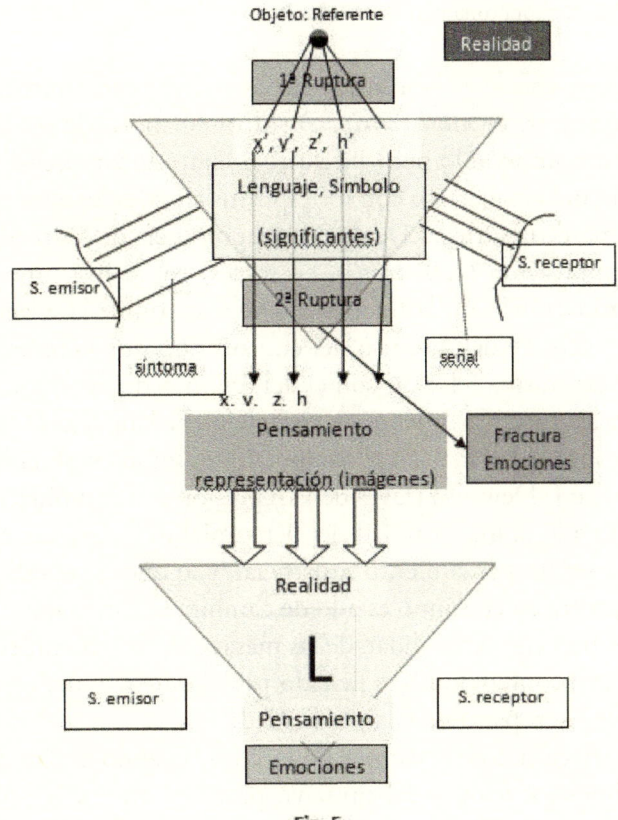

Fig. 5

En la fractura del lenguaje se pasa de un uso simbólico a un uso emotivo de las palabras: *el lenguaje al servicio de una psicología emocional.*[83] Como dice el obispo Berkeley:

> (...) la audición de los sonidos o la visión de los caracteres producen a menudo, en forma inmediata, las impresiones

---

[83] Ogden y Richards, *Ob. cit.*, pág. 66.

57

que al principio se acostumbraba producir por medio de las ideas, ahora totalmente omitidas.[84]

Se pronuncian palabras que no tienen ningún contenido (*vocem proferre et nihil concipere*). El discurso puede ser formalmente impecable pero intelectualmente incomprensible. Este discurso es efectivo con los espíritus simples, con las masas, como diría Ortega. De aquí la importancia de los medios de comunicación (*mass media*, en inglés) como instrumento de dominación.[85] En la fractura no solo se rompe la relación con el referente del discurso del emisor, sino que también se rompe esa misma relación con el del discurso del receptor. La ruptura es total, la quiebra es completa. El lenguaje se deja flotar sobre sí mismo, en el vacío.[86] La opinión es obtenida, como dice J. Dewey, a través de la represión y la intimidación persiguiendo la uniformidad del pensamiento que se caracteriza por ser un pensamiento superficial, y lo que es superficial se encuentra en continuo estado de cambio. Los métodos empleados buscan la credulidad de las masas con un pensamiento débil cuyo contenido no es llenado por el esfuerzo intelectual sino por la propaganda y la publicidad.[87]

En relación con el campo de la ética, cuando decimos o proferimos locuciones del tipo «yo prometo que (...)», «juro que (...)», etc, no tienen en sí mismas ninguna validez. Una vez que se realiza la acción que indican es cuando pasan al mundo de los hechos y pueden ser susceptibles de un análisis

---

[84] Berkeley, *A Treatise Concerning the Principles of Human Knoledge,* «Introduction», pág. 20.

[85] Como los periódicos de colores propios de cada clase social del mundo feliz de A. Huxley. Es la construcción mediática de la realidad. Se ha estudiado como el lenguaje fascista informa mediante titulares para que los sujetos se formen una idea predeterminada de la realidad.

[86] Como se ha estudiado por numerosos autores, uno de los problemas de las democracias es el uso que se hace de los medios de comunicación al servicio de la idiotización y no de la formación de la opinión.

[87] Dewey, J., *Viejo y nuevo individualismo,* Paidós, Barcelona, 2003, pág. 110.

verídico, es decir, tienen que convertirse en actos realizativos (en este caso las no-acciones son consideradas también como actos realizativos, por ejemplo, yo prometo que no haré o realizaré (...)). La novedad de la fractura con respecto a la mera ruptura y sustitución es que el discurso es continuamente actualizado. No tiene referencia reconocible por lo que nunca se le puede aplicar las nociones de verdad y falsedad. Lo perverso del lenguaje sin referencia es que es él mismo el que en cada momento crea las condiciones de definición de lo que es verdad y lo que es falso.[88] Esto es lo que Habermas apunta cuando distingue entre discurso y acción.[89] El discurso queda desligado de la realidad y de las acciones. La fractura lingüística tampoco perdona en el ámbito de las relaciones humanas. El problema con el tipo de oraciones que veíamos antes de, por ejemplo: «prometo que (...)», «juro que (...)», es que en las mismas la conexión discurso-acto realizativo no es inmediata, sino que se puede dilatar en el tiempo. La conexión entre lo que se dice y lo que se hace se vuelve problemática y débil y la verificación del acto de decir algo por medio del acto de hacer algo se pospone *sine die*, y esto lleva directamente a un uso perverso del lenguaje. Ya no es necesario (siguiendo el ejemplo anterior del uso del verbo prometer) cumplir la promesa inmediatamente. Las promesas pueden incluso no llegar a cumplirse nunca pero por ello no dejan de ser precisamente lo que son: *promesas*. ¿No es este el éxito de las religiones mesiánicas y de ciertos abusos de ideologías políticas? En términos de Austin lo que se produce es un hiato entre los actos locucionarios e ilocucionarios por un lado y los actos perlocucionarios por

---

[88] Según Searle, lo que ocurre es un empleo ilegítimo del verbo predicar: «Son expresiones y no universales lo que se predica de los objetos y es de las expresiones, no de los universales, de las que puede decirse que son verdaderas o falsas de objetos». En Searle, J., *Actos de Habla*, Catedra, Madrid, 1990, pág. 35.

[89] Habermas, J., (1982), *Ob. cit.*

otro.[90] La promesa incumplida no es más que un infortunio,[91] su no cumplimiento no puede achacarse a un acto de mala fe.[92] Esto permite que los discursos políticos incumplan reiteradamente las promesas electorales que hacen y no se traduzca en un coste electoral. Pero ¿cómo es posible que la mayoría de la gente no se percate de esta trampa del lenguaje?, de que, a pesar de todo, ¿crean ingenuamente en argumentos sin ninguna evidencia o justificación y acepten las consecuencias de un juego en el que una parte (generalmente las élites y la clase política) juega con las cartas marcadas? ¿Qué ocurre cuando se llega a una situación de fractura lingüística generalizada? ¿Se puede prolongar en el tiempo, mantener ficticiamente una falacia descarada ininterrumpidamente?¿Ha habido antes, en la historia, casos de fractura lingüística o solo de ruptura? Desde mi modo de ver, en un principio, se instaura en las sociedades un discurso de sustitución ante la ruptura de los distintos discursos. Pero muchas veces dicho proceso termina por ser un proceso irreversible cuya culminación es la fractura. Estos momentos son los momentos de la entropía lingüística, de la torre de Babel, los momentos de la separación y aparición de las nuevas lenguas. Quizá un caso de fractura pueda ser el fin del imperio romano que dio lugar a las lenguas romances como resultado de la explosión semántica que ocurrió como consecuencia de la fractura —una explosión cuya analogía sería el nacimiento del Universo a partir de un vacío fluctuante previo al *big bang*—.[93]

---

[90] Austin, J. L., *Cómo hacer cosas con palabras*, Conferencia VIII, Paidós, 1981, pág. 138.

[91] Ibíd. Conferencias II, III y IV, págs. 53-89.

[92] O como señala Searle, no es obvio ni para el que hace la promesa ni para el que la recibe que el que promete hará lo que dice que promete en el curso normal de los acontecimientos. *Ob. cit.*, pág. 67.

[93] En el proceso de la fractura se producen, en realidad, pequeñas rupturas, vacíos semánticos que actúan al igual que los agujeros negros en el vacío fluctuante previo al universo. El estado fundamental de este vacío sería

Los lenguajes cerrados surgidos de una situación de ruptura o fractura lingüística comparten varias características:

1.- Trabajan con la memoria: juzgamos, aseveramos, prometemos, etc. con la idea de recordar. Para ello hace una sustitución de las cosas por imágenes. Puebla la mente con imágenes con las que trabaja en sustitución de los contextos de realidades a las que apelan esas imágenes, pero el riesgo de operar con imágenes es peligroso: *una mala imagen es peor que su ausencia.*[94] Además, ¿con qué criterio consideramos que recordamos correctamente? ¿No estamos demasiado a merced de la memoria? La memoria es débil y no siempre podemos confiar en la memoria como del más alto e inapelable veredicto.[95]

2.- Recurren a un lenguaje que funciona bajo la creencia de que *el significado es el uso*: el significado de las palabras no es algo que se pueda establecer como una relación referencial, sino que es el resultado del uso de las palabras. La noción de uso, sin embargo, es muy vaga y lleva a cometer numerosas confusiones.[96] El uso de las palabras se convierte en el único campo de significación y se puede llegar al recurso de la violencia para defender significados interesados. La consecuencia es un uso tramposo del lenguaje que consiste en apelar continuamente a sospechar de todo discurso alternativo. Todo lo

---

inestable y puede disminuir su energía emitiendo agujeros negros, al igual que un átomo emite fotones. Este fenómeno es irreversible y daría lugar al nacimiento del universo y a la transformación del espacio-tiempo en materia después del *big bang.* Las rupturas semánticas se van acumulando alterando el sistema total de la lengua debido a su inestabilidad. Análogamente, el proceso termina en un punto de no retorno en el que la única posibilidad es la fractura total y el nacimiento de una nueva lengua. Ilya Prigogina, *El nacimiento del Tiempo*, Tusquets, 1998, págs. 71, 72.

[94] Ogden y Richards, *Ob. cit.*, pág. 84.

[95] Wittgenstein, L., *Investigaciones filosóficas,* Editorial Crítica, Barcelona, 1988, pág. 77.

[96] Searle, J., *Ob. Cit.*, pág. 151.

que es diferente no es admitido como uso lícito del lenguaje y pasa automáticamente a ocupar el terreno de la duda y la desconfianza: *el mundo de la sospecha*. Ven el mundo en términos dualistas: *estáis con nosotros o contra nosotros,* y universalistas. Como consecuencia, apelan continuamente al miedo. Se basan en tener siempre un enemigo poderoso que puede destruirnos y la necesidad de luchar por nuestra seguridad. El mundo es inseguro y el miedo impide la reflexión. Todos los hombres tienen miedo. «La necesidad de seguridad es, por lo tanto, fundamental; está en la base de la actividad y moral humana. La inseguridad es símbolo de muerte y la seguridad símbolo de vida».[97] Se actúa por instinto y no se presta atención al discurso, tan solo a los sentimientos que genera.[98] El lenguaje pierde su uso simbólico para ser sustituido por un uso emotivo: «*se transforma en una especie de lenguaje musical que estimula sentimientos y emociones*».[99] Es un lenguaje considerado como instrumento dirigido a un fin, que ha perdido su uso comunicativo para convertirse en propaganda.[100]

3.- Tienen la característica de la intemporalidad. La referencia no es un objeto real, sino un universal, un concepto extraído de las cosas y, por ello, no se insertan en ningún tiempo concreto sino que, al contrario que la ciencia que se desplaza hacia

---

[97] Delumeau, J., *El miedo en Occidente*, Taurus, Madrid, 1989, pág. 21.

[98] Véase el documental «Bowling for Columbine» donde se explica un caso de utilización del miedo en la población en general y su consecuente fácil manipulación.

[99] Ogden y Richards, *Ob. cit.*, pág. 67.

[100] En los EE. UU. la nueva derecha republicana autollamada *alterright* o derecha alternativa, ha elaborado una plataforma llamada «moral majority» para dar a entender que sus propuestas racistas y antifeministas son parte de una moral mayoritaria. En Jones, S. (Winter 2023). A fundamental violation of Human Rights. An interview with Loretta J. Ross. *Dissent* . También véase Giorgio Agamben, *Profanaciones*, Anagrama, pág. 116. O como dice Amelia Valcárcel, *usamos el lenguaje moral para disfrazar nuestros intereses*. Valcárcel, A., *Ética para un mundo global*, Temas de hoy, 2002, pág. 110.

delante y corrige los errores del pasado construyendo un saber acumulativo, el lenguaje tiene el mismo valor hoy como ayer o como lo tuvo en su origen. *Lo intemporal es a la vez evidente y difícil de analizar.*[101] Por esto mismo se ven forzados *a negar la evidencia.* Si el lenguaje tiene que afirmar ahora lo contrario a lo que antes era evidente, no le queda otra salida que la pura negación de esa evidencia. Este recurso es característico, una vez más, de los regímenes totalitarios: *no pueden nunca de dejar de tener razón.* La consecuencia inmediata de esta intemporalidad insertada en un tiempo histórico es el deseo de inmortalidad, de perdurar eternamente, como el único discurso de verdad. En realidad el lenguaje se presenta como la evidencia de ser el lenguaje natural, el único capaz de expresar la realidad sin corromperla, sin modificar sus esencias, como manifestación del lenguaje puro del *Creador.* Curiosamente, y si hablamos de estética, estas características tienen un paralelismo interesante con las características de la obra de arte según Ortega:[102]

1.- Unidad Interna. Verosimilitud.
2.- Inmanencia o trascendencia. El lenguaje coincide consigo mismo. Atrae la atención sobre sí mismo.
3.- Poder absorbente: Capacidad de arrastrar a los hablantes dentro y densidad temática.

Para Ortega la obra de arte debe inventar la realidad, ser hermética y referirse a sí misma. La buena obra de arte debe perder todo contacto con la realidad, deconstruirla, desarmarla, desarticularla para volver a articular y reconstruir la realidad sobre

---

[101] Steiner, G., *Gramáticas de la creación*, Siruela, 2001, pág. 263.
[102] García Alonso, Rafael, *La estética en la filosofía de Ortega y Gasset: Hermetismo e interpretación.* Ponencia en el curso de formación del profesorado*: El pensamiento de Ortega y su vigencia en el mundo actual.* Universidad Internacional Menéndez y Pelayo, Santander, 5-9 septiembre 2005, y en Ortega y Gasset, *La deshumanización del arte*, Obras completas, Tomo III, Tusquets, 2005.

nuevos parámetros y códigos personales del autor, libremente. Es una nueva narración que procede del aniquilamiento de la realidad.

En el lenguaje fracturado el campo semántico de las palabras se amplia y ensancha al infinito y, por lo tanto, pierde contenido, es un campo vacío cuyo contenido es creado, modificado, y actualizado, según el principio del huevo de Lewis Carroll, Humpty Dumpty:

—(...) cuando yo empleo una palabra, esa palabra significa exactamente lo que yo quiero que signifique.

—La cuestión es, dijo Alicia, si puede usted hacer que las palabras signifiquen tantas cosas distintas.

—No, te equivocas (...) La cuestión es saber quién es el amo aquí. Eso es todo.[103]

Más adelante Humpty Dumpty vuelve a decir:

—(...) No obstante, yo puedo considerarme capacitado para manejar todo tipo de palabras. «Impenetrabilidad». Ese es mi lema.

De nuevo tenemos un lenguaje desligado de toda realidad, sin anclajes, sin contenidos, impenetrable, pura forma flotando en el vacío o sobre sí mismo, como un espejo que refleja sus propias proposiciones, como el estanque en el que se contempla Narciso y solo ve el rostro de Nadie (fig. 6).[104]

---

[103] Lewis Carroll, *Alice through the looking Glass, The Complete Works of Lewis Carroll*, Chancellor Press, 1982 pág. 182 (traducción propia).
[104] Savater, F., *Humanismo impenitente*, Anagrama, 1990, pág. 173.

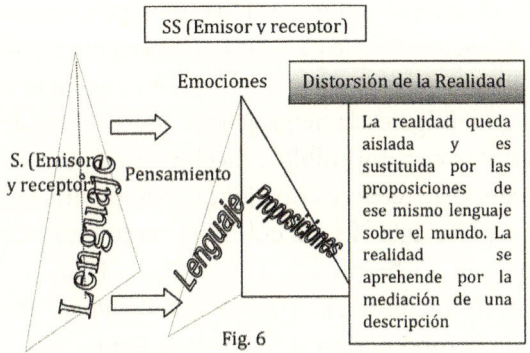

SS (Emisor y receptor)

Emociones — Distorsión de la Realidad

S. (Emisor y receptor) — Pensamiento

Lenguaje — Lenguaje — Proposiciones

La realidad queda aislada y es sustituida por las proposiciones de ese mismo lenguaje sobre el mundo. La realidad se aprehende por la mediación de una descripción

Fig. 6

El lenguaje moral de la modernidad está fracturado y por ello nuestra época es moralmente emotivista, debido a que la modernidad ha consistido, según algunos críticos, en un proceso de desracionalización que ha desembocado en el emotivismo como teoría del uso del lenguaje moral.[105] Un proceso que, según Heidegger, ha dado lugar a dos tipos de lenguaje: el lenguaje técnico y el lenguaje poético. Ambos lenguajes expresan dos tipos de pensamiento. Para Heidegger el lenguaje técnico favorece la transmisión, el dominio y el cálculo; y el poético la interpretación, la creación y la narración. El lenguaje técnico mantiene una estructura horizontal, se basa en la ley y la técnica y en el valor de cambio, el poético es vertical y se basa en la tradición y el valor de uso. El primero simboliza la guerra y la muerte, el segundo la inmortalidad. La fractura del lenguaje y la ficción de verdad que produce dicha fractura solo permite dos salidas alternativas: las creencias religiosas para quienes las admiten y la estética,[106] ambas poseedoras de su propio len-

---

[105] Cortina, A., *Ética sin moral*, Tecnos, Madrid, 1990, pág. 100 y también véase MacIntyre, A. *After virtue*, Duckworth, London, 1985 (traducción castellana en Crítica, Barcelona, 1987).
[106] Ibíd., pág. 264. Para Zubiri, el fracaso radical de hombre solo tiene dos salidas: la desesperación o la religión (En Aranguren, *Ética*, Alianza

guaje, el lenguaje técnico es el lenguaje de la solución estética y el poético de la salida religiosa. Dos tipos de pensamiento que recuerdan vagamente a los dos tipos de pensamiento kantiano, el especulativo y el empírico[107], el primero persigue siempre la unidad, es enemigo de la heterogeneidad y el segundo busca la diversidad y hacen imposible concebir principios universales. En la obra de arte tenemos un ejemplo: el movimiento cubista de principios de siglo XX. El cubismo manifiesta tres momentos: el analítico, el hermético y el sintético. Picasso y Bracque son los máximos representantes de este lenguaje estético que empieza descomponiendo la forma y la figura reduciéndola a líneas rectas e interseccionadas (el analítico), para pasar hasta casi su desaparición (el hermético).[108] El cubismo sintético es una reelaboración del lienzo a base de grandes planos de color uniforme y contornos geométricos precisos. El cuadro pasa a ser una reconstrucción de la realidad, ahora ya con figuras y formas reconocibles, se convierte en un collage en el que se incluyen objetos, fragmentos de deshecho.

De nuevo vemos que el lenguaje moral de la modernidad está roto, descompuesto. Esta tarea de descomposición fue llevada a cabo por la filosofía analítica que ha desembocado en un lenguaje en el que los principios y normas apenas son

---

Universidad Textos, Madrid, 1979, pág. 125). Weber, sin embargo, encuentra tres salidas: acogerse al seno de las viejas iglesias, iniciar un viaje místico intramundano o recluirse en el más estrecho círculo comunitario («La ciencia como vocación», en *El político y el científico*, trad. Rubio Llorente, Madrid, Alianza Editorial, 1981, pág. 218). John Dewey también apunta dos salidas: la evasión personal como huida o sucumbir a la escisión del individuo (En *Viejo y nuevo individualismo*, Paidós, 2003). Zygmunt Bauman señala que las sociedades posmodernas han sustituido la ética del trabajo por la estética del consumo (En *Trabajo, Consumismo y nuevos pobres*, Gedisa, pág. 43.).

[107] CRP A655

[108] Véanse los cuadros *Hombre con mandolina* de Picasso, *Mesa Pedestal* de G. Braque y *Naturaleza muerta con rejilla* de Picasso como ejemplos del analítico, hermético y sintético respectivamente.

reconocibles. El positivismo y logicismo es la pérdida de todo rastro de lo moral y social en el lenguaje filosófico. ¿Sería posible recuperar el lenguaje moral fragmentado, aunque fuera como un collage?

Las lenguas naturales tienen la pretensión de ser la expresión de lo real de manera intuitiva y no reflexiva. Solo después de tener experiencias con otras lenguas y de una meditación sin prejuicios somos capaces de levantar el velo de la naturalidad de las lenguas y darnos cuenta de que las lenguas son distintos modos de acercarnos al mundo exterior que nos rodea. Pero la facultad de hablar, el lenguaje en sí mismo, independiente de sus múltiples formas, tiene la capacidad de evocar su identificación con la realidad exterior y, por tanto, de crear realidad. Muchos pueblos primitivos pensaban que la posesión del nombre de la persona les daba un poder sobre la misma, o que el hecho de saber el nombre verdadero de las cosas produce un mayor dominio sobre las mismas cosas; cuando a un jefe neozelandés se le llamó Wai, que significa agua, tuvo que ser cambiado el nombre que se le daba al agua. En el antiguo Egipto tomaban precauciones para ocultar el octavo o Nombre-Alma.[109] El verdadero nombre de Alá es secreto. Los judíos evitan en lo que pueden pronunciar el verdadero nombre de Yhaweh.[110] Incluso en las sociedades modernas muchas personas piensan que la palabra tiene poderes especiales. Algunas incluso creen que si piensan algo con la suficiente intensidad y énfasis consiguen que ese algo tenga una mayor probabilidad de ocurrir.[111] Las palabras no son solo ficciones sino verdaderos instrumentos para dominar el mundo.[112] Sin embargo, el lenguaje no crea realidad, tan solo

---

[109] Ogden y Richards, *Ob. cit.*, págs. 51,52.

[110] Ibíd., págs. 52-53.

[111] Beattie, J., *Otras culturas*, FCE, pág. 267.

[112] La magia de las palabras y en especial del nombre parte de la tradición bíblica. La mitología clásica no creía en la magia del nombre. Los oráculos no establecieron ninguna prescripción dogmática sobre el conocimiento

67

la interpreta. Un auténtico lenguaje de creación no necesita palabras, estaría compuesto solo de actos, creaciones, realizaciones. Es en este sentido en el que se hablaba de lenguaje puro, un lenguaje al que solo le basta nombrar las cosas para crearlas, en donde palabra y nombre se identifican: el lenguaje de Dios no tiene gramática. Solo tiene nombres.[113] Solo caben dos posiciones para salir de nuevo de esta ficción del lenguaje puro: el estudio de la naturaleza que, en su desarrollo ulterior, da lugar a la ciencia,[114] y el estudio del lenguaje que lleva a la teología, de tipo de la cábala o de la interpretación de los designios divinos a través del habla humana.[115] ¿Qué parte del discurso o de la oración divina corresponde al hombre? ¿Sujeto, verbo, adjetivo, proposición, desinencia productiva? La traducción lingüística de la creación humana sería un buen ejemplo de objeto del pensamiento teológico. Lo que el pensamiento teológico no entiende es que el lenguaje esta precisamente separado de la realidad y funciona independientemente de la misma, pero con una referencia constante a esa misma realidad objetiva. De esta manera es como se introducen los términos de verdad y falsedad y con ellos se introduce la mentira.[116] La idea de un lenguaje incapaz de mentir constituye la ficción o la falacia del lenguaje natural o puro. Tal lenguaje no existe, o por lo menos, no podemos demostrar su existencia, como tampoco su no exis-

---

de los nombres de los dioses. Interpretar los nombres como atributos de la divinidad es una racionalización posterior del cristianismo. Blumenberg, Hans (2003), *Trabajo sobre el mito*, Paidós, pág. 43.

[113] Blumenberg, Hans, *Ob. cit.*, pág. 44.

[114] Véase *supra*, el cap. IV.

[115] Para la cábala judía la *torah* no es más que la historia del nombre de Dios. El nombre de Dios expresaría toda la realidad existente. Es la pura creación. El mundo no es más que la realización o pronunciación del nombre de Dios que se esconde tras las cosas.

[116] Nietzsche decía que «el mentiroso usa las denominaciones convencionales, las palabras, para hacer pasar por real lo que es irreal». (*Sobre verdad y mentira*, 1).

tencia, pero precisamente por ello no puede constituirse en objeto de conocimiento o en realidad suprema, en lenguaje como modelo de verdad, incorruptible, pero que en realidad se constituye en falsa certeza, pues sólo la certeza envejece.[117]

De la fractura lingüística se deriva lo siguiente:

(1) El espacio público como espacio de comunicación e interacción (donde en definitiva es posible la ética y que la filósofa Hannah Arendt lo llama espacio espiritual)[118] es fundamentalmente y habría que atreverse a decir, **exclusivamente,** lingüístico, pues la realidad (que ha quedado aniquilada) es una realidad lingüística. Ahora, la existencia de un lenguaje común se vuelve problemática y contradictoria.

(2) Este espacio puede fragmentarse. Tal fragmentación sería, por lo tanto, primero, una fragmentación del lenguaje, siguiendo el esquema de fractura lingüística antes descrito, es decir, al fracturarse se convierte en un lenguaje cerrado, monosemántico; y segundo, de la sociedad, que también se fragmentaría en subsistemas interdependientes y cerrados.[119] Al mismo tiempo, esta fractura daría lugar a dos escenarios:

(a) Una lucha despiadada por el control de los lenguajes surgidos de la fractura. El objetivo es la dominación, el control total. Esta alternativa se identificaría con el lenguaje poético de Heidegger. El resultado es la existencia de un único lenguaje. Es el fundamentalismo y el integrismo. Aquí nos encontramos con la supresión de la información.

---

[117] Steiner, G., *Ob. cit.*, pág. 263.

[118] Hannah Arendt llama espacio espiritual al espacio donde intercambiamos no solo cosas sino también ideas, pensamientos, sentimientos, estados de ánimo, etc.,

[119] Martínez de Velasco, Luis, *La democracia amenazada*, Madrid: fundamentos, 1995, pág. 37.

el control de los medios y la defensa de una verdad única y ulterior. La defensa ante esta alternativa es la crítica.[120] (Salida religiosa)

(b) Posibilidad de fracturas infinitas del lenguaje que da lugar a un exceso de lenguajes (lenguajes técnicos y especializados), a un exceso de información, donde el sujeto se encuentra perdido. La información se convierte en ruido. Es la barbarie del especialista a la que se llega por el vaciamiento de la idea de identidad.[121] Aquí sería imposible la ética y la crítica. Sería la pérdida total de criterios de verdad. Se encuentra más allá del bien y del mal, favorece la resignación. Es el cinismo. El cinismo opera en tiempo real, no hay tiempo para la reflexión y el debate. El tiempo alcanza, como dice Ramonet, al límite extremo: la instantaneidad.[122] La técnica y su desarrollo reemplazan a la ley.[123] Es el nihilismo de Nietzsche (Salida estética).

La fragmentación puede ser también económica. Es la fragmentación de la propiedad de las empresas que como sociedades anónimas ya no tiene un propietario claro y poseedor de más de la mitad de las acciones. El accionariado se encuentra muy repartido y la propiedad se decide en porcentajes suficientes y alianzas. Los directivos ya no representan a la mayoría de los accionistas sino a una minoría con poder suficiente. Su gestión puede no ser el éxito de la empresa sino todo lo

---

[120] Sütlz, Wolfang, *Integrismo y cinismo. Dos formas contemporáneas de negación de la libertad de los medios.* XV semana de ética y filosofía política. UNED, Madrid, marzo 2007.

[121] Manuel Cruz, en la introducción al libro de Hannah Arendt, *De la historia a la acción*, Paidós ICE/UAB, 1995.

[122] Ignacio Ramonet, *la golosina visual,* Debate, Madrid, 2000, pág. 33.

[123] Ibíd.

contrario: la ruina de la misma empresa va asociada al propio enriquecimiento del grupo minoritario que la controla.

¿Qué alternativas nos quedan ante cualquiera de estos dos escenarios? ¿Podemos y/o debemos recuperar la realidad, los hechos? ¿Se puede, como decíamos antes, rehacer el lenguaje moral con sentido? El pensamiento fundamentalista y cínico ya no se funda en el conocimiento del objeto sino, como dice Kant, en el simple interés de su razón (CRP A667). La realidad ya no existe sino que es inventada, o en el mejor de los casos disfrazada.

VII
EL HOMBRE SOLO

Cuando las cosas reales han ido entregando su imagen y su concepto; cuando el hombre se permite la ilusión de haber vencido la resistencia que toda realidad opone. Y entonces, cuando el pensamiento ha cumplido su acción —un horizonte y unas cosas inteligibles, convertidas en conceptos—, se hace este vacío. El hombre está solo.
María Zambrano

La verdad no existe. O mejor, como dice Chomsky *existe un núcleo de verdad oculto tras una mentira masiva.*[124] El discurso político es en esencia falso, pero no debería serlo pues es en el discurso donde se da el encuentro entre los hombres, en el diálogo y multiálogo, donde se quiebra el silencio y se rompe el monólogo. Sin embargo, si analizamos lo que los políticos dicen hoy en día, nos encontramos con grandes espacios vacíos, faltos de la verdad más elemental cuyo objetivo principal es la captura del voto, la consecución del poder y desde el poder siempre se tiene ventaja. No importan los medios, ni las mentiras que se hayan utilizado para la conquista del poder, el poder siempre ayuda a olvidar a las memorias más frágiles. La política no interesa y además se hace todo lo posible para que no interese. La idea de que todos los políticos son iguales es una idea creada, fomentada y divulgada por esos mismos políticos de discurso vacío. El adiós a la política es una despedida melancólica, al estilo de J. Keats en su *Oda a un ruiseñor*. Una despedida triste pero cargada de dignidad, o al menos,

---

[124] Chomsky, N. *El conocimiento del lenguaje*. Alianza Universidad, pág. 298

esa es la idea que se transmite. El hombre de la política es un hombre egoísta, cargado de resentimiento cuyo único placer consiste en enriquecerse, en medrar y manipular. Aunque, en realidad, los verdaderos beneficiados nunca dan la cara. Los auténticos poderosos fabrican imágenes, estereotipos y se esconden detrás de sus bambalinas para deleite del público. El mito de Orfeo también nos ilustra esta huida de lo común, del espacio compartido. Eurídice, la mujer, el ámbito de lo social, se pierde en la oscuridad y Orfeo llora desconsoladamente su pérdida. El individuo aparece con toda su fuerza y se caracteriza por su soledad. El hombre es ahora individuo y no puede apelar a los lazos sociales ni a una estructura solidaria que de sentido a su existencia. Kierkegaard se da cuenta de la realidad de esta existencia como centro del sentido de la vida. La existencia cobra sentido en la esfera común, en compartir con otros nuestra soledad y para ello se necesita unas redes sociales que faciliten la salida del aislamiento. La filosofía contemporánea es el esfuerzo de evitar el abandono de la polis, es el relato de la despedida del hombre social ante el surgimiento y consolidación del hombre solo,[125] del individuo. Por ello mismo lo filósofos son generalmente ignorados, apartados o simplemente ridiculizados como seres inadaptados, tristes, lóbregos, que arrastran su existencia bajo el peso de la más pura melancolía. Las facultades de filosofía no crean filósofos, son fábricas de historiadores, de una historia muy particular, la historia del pensamiento humano, pero sin la reflexión crítica necesaria que permita dar el salto hacia adelante. La idea que la sociedad atribuye al filósofo, paradójicamente, es esa misma idea de hombre que el mismo filósofo debiera (¿intenta?) combatir.[126]

---

[125] «El hombre está solo. Está solo porque la realidad ha dejado de estar animada». Zambrano, M., *El hombre y lo divino*, Breviarios Fondo de Cultura Económica, Méjico, 1986, pág. 297.

[126] Weber denuncia el mundo moderno capitalista como un mundo «vacío de espíritu» y reducido a un «estuche vacío», En Aranguren, José Luis,

74

Este hombre solo es un hombre que teje su futuro con desgana, que quiere negar su pasado pero está atrapado en él sin saberlo, o sin querer saberlo. Ignora el pasado para construir un futuro libre de ataduras, pero los hilos del pasado son más fuertes y difíciles de romper que lo esperado. Su actitud vital viene muy bien reflejada en la novela de Bernardo Atxaga precisamente titulada así: *el hombre solo*. El hombre solo tiene los pies de barro y no puede construir nada porque su base se mueve y transforma como la arcilla del alfarero. En su soledad crea ficciones que le sirvan para seguir viviendo. Romper el lenguaje, dejar las palabras vacías es como segar la yerba debajo de los pies, abandonar el discurso común, dejar flotar lo colectivo en el vacío y con ello el hombre es más maleable y por lo tanto manipulable.[127] El valor de la política se mide por su capacidad de confianza, de ofrecer una imagen que exprese seguridad[128], la imagen respetable que transmita confianza. La realidad que define al político se disfraza, queda oculta, lo importante es lo que de él se perciba, sea creíble. Los políticos son grandes constructores de imágenes, de sombras. La política contemporánea es una democracia de audiencia donde el valor del político no depende de sus promesas sino de la imagen que logre proyectar

---

Sobre imagen, identidad y heterodoxia, Madrid, Taurus, 1981, págs., 154 y 156. También en Muguerza, J., (1990) *Ob. cit.* nota 60 pág. 345.

[127] Rorty explica muy bien esta forma de fractura que se produce en el lenguaje humano que le impide reconocerse o construirse una imagen coherente de sí mismo, en el análisis que hace de la obra de Orwell, *1984*. Vease el artículo «El último intelectual en Europa: la crueldad en Orwell», en su libro *Contingencia, ironía y solidaridad*, Paidós, 1991.

[128] «Ese afán por la seguridad es una de las características que definen la Modernidad y, a la postre termina por ser una coartada para la sumisión, engendra diferentes formas de dependencia». Ángel Gabilondo *El País* 28 de octubre de 2003. Para Aranguren, el drama ético actual es que «los hombres prefieren la seguridad a la libertad». Aranguren, J. L., *Ética y Política*, Biblioteca de Política, Económica y Sociológica, Orbis, pág. 104.

ante la opinión pública.[129] La política es, entonces, hecha por sombras, no por hombres reales. La política contemporánea es lo que Habermas llama la *política simbólica*.[130]

El poeta, también, es capaz de intuir los entresijos que forman el espíritu humano, los hilos que forman la madeja del tiempo, percibiendo el pasado y el presente de manera intemporal. El poeta siente lo vivido por generaciones anteriores como sustancia flotando en el aire. Es conjurador de sombras, capaz de ver el simbolismo en las cosas más pequeñas, de asociarlas con el todo que llevan dentro de sí. En él el presente está entretejido de manera indescriptible con el pasado.[131]

Para Saramago, además, es un hombre desdoblado, con un lenguaje duplicado, un «alma reflejada de la estructura toda de la realidad».[132] Un hombre con la identidad rota, partida, escindida. Un hombre que se ve de manera distinta, cuya identidad se adapta al tiempo y lugar en el que se encuentra pero sin ningún hilo de continuidad. Las identidades se quiebran, se escinden y no se reconocen. El problema fundamental es que los hombres son incapaces de construirse una identidad estable en el tiempo corto de su vida. Los cambios son vertiginosos y las prisas impiden la reflexión serena sobre lo que uno es. Uno va construyéndose con alfileres, a la imagen de los *pinposters* de los adolescentes americanos. La caja de los materiales con que uno construye su persona son imágenes, sueños, ficciones, humo que se escapa entre los dedos. Es el hombre imaginario que canta el poeta:

---

[129] Enrique Gil Calvo, *La siembra de la desconfianza*, El País, viernes 29 de agosto de 2003.

[130] Habermas, J., *Ensayos políticos*, Ediciones Península, Barcelona, 2002.

[131] von Hofmannsthal, Hugo, *Instantes griegos y otros sueños*, Cuatro ediciones, Valladolid, 2001, pág. 84.

[132] Ogden y Richards, *Ob. cit.*, pág. 56.

El hombre imaginario
vive en una mansión imaginaria
rodeada de árboles imaginarios
a la orilla de un río imaginario
De los muros que son imaginarios
penden antiguos cuadros imaginarios
irreparables grietas imaginarias
que representan hechos imaginarios
ocurridos en mundos imaginarios
en lugares y tiempos imaginarios
....
Sombras imaginarias
vienen por el camino imaginario
entonando canciones imaginarias
a la muerte del sol imaginario.[133]

Otra vez aparecen las sombras, las grietas por las que se escapan las palabras, el mundo, las realidades humanas, las identidades, los yoes que hablan el mundo.

---

[133] Parra, Nicanor, «El hombre imaginario», en *Las ínsulas extrañas*. Círculo de lectores, pág. 204.

VIII
LA IDENTIDAD DEL YO

¿Cómo se construyen las identidades individuales? ¿Qué es en realidad la identidad? Estas y otras preguntas han inquietado constantemente a los estudiosos y han sido de gran preocupación en la historia del pensamiento. El problema de la identidad se constituye como el problema fundamental. No en balde la filosofía es un intento de responder o encontrar la identidad pérdida del hombre como tal. ¿Qué es el hombre? es la pregunta filosófica por definición. El hombre moderno se sabe individuo, pero ¿qué sabemos de la sicología del hombre clásico o del hombre primitivo, el aborigen?, ¿tiene conciencia de su individualidad? La identidad étnica es el primer paso de adscripción de los hombres. El hombre toma conciencia de sí a través de saberse dentro de una cultura y grupo determinado y no al revés. Es más, los individuos se reconocen y adquieren derechos y obligaciones por la identidad étnica. Esto ocurre a nivel de pequeños grupos humanos, en donde lo grupal tiende a dominar sobre lo individual. La etnia es más importante que las acciones individuales. No es por casualidad que la mayoría de la culturas o grupos humanos terminen por dotarse de guardianes, defensores, intérpretes, —ya sea como una casta especial (como la sacerdotal o funcionarial) o a través de privilegios de clase— de la pureza étnica. La consecuencia de este fenómeno es la estratificación de las sociedades debido a las relaciones desiguales que se originan. La adscripción a una identidad étnica está basada en unas normas restrictivas.[134]

---

[134] Barth, F., *Los grupos étnicos y sus fronteras*, FCE, México, 1976, págs. 33, 34.

79

Pero las sociedades contemporáneas desarrolladas son sociedades multiétnicas, muy numerosas y de una gran complejidad organizativa en donde las adscripciones identitarias ya no se basan en la etnia, aunque queden residuos de discriminación basados en factores raciales. Otro factor a tener en cuenta de tipo sicológico es el de la proximidad. En las etnias pequeñas el grupo determina en gran parte las posibilidades y marco de desarrollo de la identidad individual porque es la proximidad del grupo el que dota de significado a la realidad social en la que viven los individuos. En las sociedades poliétnicas el efecto proximidad se diluye y los individuos, por tanto, pueden construir su identidad sin echar mano sólo al grupo étnico. Se desarrollan otros mecanismos basados en factores muy variados a disposición del individuo y no solo de tipo étnico o grupal más cercano. El individuo puede cambiar de identidad pero esto genera una ambigüedad que le hace sentirse perdido y no completar el proceso de construcción de su identidad. Esto explica muchos de los problemas sociales de las grandes ciudades y hace patente la responsabilidad de los poderes públicos ante los medios que debe poner a disposición de los ciudadanos para garantizar que puedan desarrollar una identidad estable. El concepto de identidad del yo en las sociedades desarrolladas no es tan simple como en las sociedades grupales más pequeñas. Juegan numerosos factores y se construye en relación con otras identidades de nivel superior.

El yo individual se configura, en un primer momento en relación con lo más cercano, a lo más concreto, es un yo grupal. En momentos sucesivos se va ascendiendo en la escala de lo abstracto —barrio, ciudad, país, religión, cultura, etc., hasta llegar en un momento ideal, en última instancia, a la identidad colectiva de la humanidad. Quedarse en una identidad nacional, patriótica es una limitación de las posibilidades del hombre. Si queremos, como decía Kant, una paz perpetua —no la paz de los cementerios—, es necesario una identidad universal, humana, pero que no niegue otros niveles de identidad, al igual que los Estados nacionales subsumen dentro de sí los rasgos regionales.[135] Es deber de los Estados y Administraciones públicas en general, cualesquiera que sean, proporcionar los elementos para que los ciudadanos lleguen al máximo nivel de construcción de Identidad.[136] Sin embargo, el universalismo aparece también como problemático. Javier Muguerza prefiere hablar de cosmopolitismo, es decir, sin renunciar a la ciudadanía nacional podemos sentirnos también ciudadanos del mundo.[137]

En relación con los demás seres vivos nos sentimos distintos, otros, somos seres humanos. Este es el mismo mecanismo que funciona en los grupos étnicos que se definen de manera egocéntrica: de gente que es igual a nosotros frente a los que son distintos a nosotros[138]. Al igual que las sociedades, el yo es un proceso histórico y en cada momento se configura de manera distinta. Desde el punto de vista Hegeliano la historia es la realización de la identidad humana en el proceso de la autoconciencia del espíritu. De la misma manera el yo debe realizarse en la historia de su vida como proceso de autoconciencia

---

[135] ¿Qué ocurre dentro de las naciones o Estados nacionales? ¿Cómo se construyen las identidades nacionales? ¿Es verdad que las identidades nacionales se construyen de identidades menores? La mayoría de las veces la identidad social es una imposición horizontal y vertical sobre las identidades regionales y de clase. Las identidades nacionales se construyen sobre los escombros de otras identidades menores. La pregunta es ¿hacen falta los escombros para la construcción de las identidades? ¿Hasta qué punto una identidad humana universal necesita los escombros de otras identidades nacionales?

[136] Esto invita a la reflexión sobre la posibilidad de la renuncia al conocimiento. La reivindicación de la ignorancia, de los estados primigenios puros, inocentes y habría que afirmar, ingenuos. La vuelta al pasado es imposible. Estamos condenados a hacer historia.

[137] Muguerza, J., *Cosmopolitismo y Derechos Humanos,* Lección en el curso Filosofía, Ética y Sociedad. Universidad Carlos III, CAP de Getafe, Madrid del 10 de enero al 11 de febrero de 2003.

[138] Barth, F. (1974), *Ob. cit.*, pág. 54.

de la identidad del yo. Pero es un yo que vive rodeado de otros yoes y que los necesita para conocerse. Por tanto, la construcción de la identidad no es un proceso meramente individual sino colectivo, necesita del reconocimiento del grupo. Esto implica que no podemos aspirar al solipsismo identitario.[139] Para Habermas, la unidad de la biografía de un individuo es mantenida por la identidad del yo que es el modelo categorial entre el todo y sus partes, de la que deriva posteriormente la categoría de significado. Pero este significado debe ser continuamente reinterpretado «mediante interpretaciones retrospectivas de la biografía, incesantemente renovadas, rectificadas y ampliadas de forma acumulativa. El significado existe únicamente en un sistema de referencia cuya transformación corresponde a un proceso de formación que se da en la historia genética en su conjunto».[140] Por lo tanto, los significados no son nunca, en sentido estricto, significados privados sino que mantienen siempre una validez intersubjetiva. Esta es la razón por la que en una biografía o identidad solipsista no se puedan construir significados. El dialogo individuo-sociedad surge como pieza central del edificio de las identidades que se construyen mediante una doble dialéctica: horizontal, en el diálogo de un individuo con otros individuos y vertical, en el diálogo de un individuo con la historia de su comunidad primero y con el resto de las comunidades después. La identidad se configura, pues, en estratos: hay distintos niveles de identidad. Los estratos superiores deben recoger a los inferiores, integrándolos sin rechazo ni negación[141].

---

[139] Camps, Victoria, *El gobierno de las emociones*, Herder, 2011.

[140] Habermas, J., *Conocimiento e Interés*, Taurus, 1982, pág. 161.

[141] Para Huntington las identidades se dan en los planos personal, tribal, racial o de civilización y solo se pueden definir con relación a «otro». El plano más amplio de construcción de identidad a la que una persona puede llegar es el de la civilización y a nivel de los Estados, siempre, es una definición en conflicto con otros Estados y otras civilizaciones. Huntington, *El choque de civilizaciones*, pág. 151. Paidós, 1997.

Por tanto, el yo no es simplemente un yo, sino que es un yo histórico que se construye en el *tiempo*. La categoría del tiempo es central e implica un dialogo de una conciencia con otras conciencias. La suma de estos diálogos es lo que Dilthey llamó el espíritu objetivo. El hombre, por tanto, es historia y la historia común forma parte de las historias individuales. Somos lo que hacemos, lo que podemos hacer en un contexto determinado que condiciona nuestro hacer. Construimos nuestra identidad personal dentro de una identidad más amplia, la social, la de la comunidad o grupo humano en el que nos ha tocado vivir.

El problema es que la identidad[142] necesita un sujeto para construirse o constituirse. El sujeto de la posmodernidad se enfrenta con un mundo cambiante a una velocidad difícilmente asimilable. Ante el desconcierto resultante ha reaccionado mediante la autodestrucción. Asistimos a *una identidad sin sujeto: El sujeto es un pastiche cambiante en virtud del haz de relaciones sociales sobre el que se proyecta*[143]. La razón ha quedado sin sujeto.[144] Es la tesis goffmiana: *la personalidad queda sustituida por las máscaras sociales,*[145] el «hombre proteico» de Jay Lifton,[146] un hombre a la vez subsocializado y sobresocializado porque vive en una sociedad que no propone ninguna verdad incuestionable y a la vez no permite que los individuos construyan núcleos de identidad perdurables y estables, identidades que están continuamente en proceso de una negociación sin fin. Así es como surgen dificultades en la construcción

---

[142] V. mi libro *Meditaciones éticas* (2022) Ápeiron Ediciones. En el capítulo 11 explico el problema de la identidad y su construcción.

[143] Ortega, Félix, *Una identidad sin sujeto*, en *Educación y cultura,* 14-15, (1999), págs. 129-145.

[144] Habermas, J. (2002), *Ob. cit.*, pág. 263.

[145] Ortega, Felix, *Ob. cit.*

[146] Robert Lay Lifton, «Protean Man», *Partisan Review*, invierno de 1968. Proteo era un dios oracular que se transformaba en diversos animales para no tener que hablar y profetizar.

de la personalidad. Las instancias que tradicionalmente han servido de sustento de la legitimidad empiezan a perderla (por ejemplo, la escuela). La personalidad va indudablemente ligada a la identidad. Es verdad que la identidad es un concepto más vasto, más amplio que incluye la personalidad. La identidad va más allá, alcanza lo social, la personalidad se queda en lo individual, pero el individuo necesita lo social para definirse como tal. El individuo necesita reconocerse en lo social, en el grupo. El problema es que cada vez más los individuos encuentran dificultades de reconocerse en la sociedad. La sociedad, por su variedad y amplitud empieza a desbordar al individuo. Quizá esta es una de las razones del aparente resurgimiento de la familia, de las etnias, de la recuperación de las lenguas regionales, en definitiva, de los grupos pequeños, abarcables, fácilmente identificables.[147] Y mientras tanto la escuela plural se desmorona, el proyecto ilustrado se viene abajo, se hace añicos, hace aguas y ya hay voces que claman por su enterramiento y posterior funeral: *requiéscat in pace*. Adorno lo resume: «gracias a su propia lógica, la subjetividad trabaja en su propia destrucción».[148]

Pero el reconocimiento en el grupo es insuficiente. La experiencia ya nos enseña, nos muestra, la amplitud del mundo. El yo sabe de su existencia, pero una existencia insignificante en la extensión infinita (por lo menos así lo experimenta una existencia limitada) del mundo. No puede obviar lo que hay más allá de su cuerpo, de su receptáculo próximo identitario. La angustia existencialista no es un mero darse cuenta de la soledad de la existencia individual, en realidad, es un darse

---

[147] «Si todo desaparece, lo que al individuo le salva del vacío es la identidad religiosa y étnica», Régis Debray, *El País*, 11 de noviembre de 2005.
[148] Habermas, J. (1982), *Ob. cit.*, pág. 265. Es el mito de Odiseo reinterpretado por Adorno y Horkheimer en la *Dialéctica de la Ilustración*. El éxito de Odiseo es debido a su pérdida de identidad. El éxito de la sociedad moderna industrial tiene un precio: desubstanciar al hombre, vaciarlo de ser, convertirlo en Odiseo ante Polifemo, en «Nadie».

cuenta, una comprensión de la soledad pero en medio de otras existencias que se sienten igualmente solas. Es una soledad en compañía. El yo no puede renunciar al conocimiento y experiencia del mundo de una época dada. *El yo necesita la historia.* Como diría Ortega, el yo es un *quehacerse,* una construcción que crea carácter, y el carácter es la base de la personalidad que a su vez es la base de la identidad. Vemos, pues, como el círculo se cierra, como los conceptos se tocan: realidad, verdad, individuo e identidad tienen en común este *quehacerse* como construcción histórico-social. Pero surge la sospecha, la identidad, concebida de esta manera, se diluye en una conciencia histórica a la que se ha arrebatado su dimensión utópica.

IX
UTOPÍA Y REALISMO

La existencia y las formas que la utopía ha tomado en la historia del pensamiento occidental han sido fundamentales en la determinación de dicho pensamiento.

Desde sus orígenes, la utopía se constituye como un lugar ficticio e ideal en donde se desarrollaría una auténtica comunidad humana. Esta comunidad o sociedad en términos modernos, actuaría como modelo de organización de las diferentes agrupaciones humanas que se dan en un momento determinado. Pero la utopía que nace con esta vocación pedagógica se ha transformado en nuestros días en instrumento de descalificación y negación, en especial en los argumentos o discusiones políticas. Así, decir de una proposición, ¡eso es utópico!, implica que no se puede tomar en consideración por ser en sí misma irrealizable. Lo utópico no es puesto delante como meta o modelo a imitar sino contrapuesto a lo real hasta el punto de que lo utópico y lo real se confunden, se re-organizan y re-construyen sus conceptos. Lo real, lo verdaderamente posible, se lo califica despectivamente de utópico, con lo cual, es desplazado a la esfera de lo irrealizable. Se desprestigia lo real y se lo confunde impidiendo así su reflexión y, por tanto, su realización, su posibilismo. El hueco que lo utópico, al reinterpretarse de esta manera, deja libre, es ocupado por el interés particular, por aquello que sea más conveniente realizar según los intereses creados o las necesidades oportunas. Se impide lo político, la toma de decisiones conjuntas, por un dirigismo sospechoso. Juan J. Tamayo lo llama el destierro de lo utópico porque la utopía es excluida de todos los ámbitos del saber: de las ciencias y de las letras, de la economía, de la ética, de la filosofía y de la política y de la religión, y en definitiva de la vida y del quehacer cotidiano.[149]

Según Habermas, lo que ocurre es un cambio de paradigma de la sociedad del trabajo a la sociedad de la comunicación y al mismo tiempo también ha variado la forma en que nos vinculamos a la tradición utópica de la modernidad que había recuperado el sentido originario que tenía en la época clásica.[150] Las religiones monoteístas habían roto esta tradición desplazando lo utópico a un más allá, lo colocan fuera del mundo, como un premio o gracia de su Dios al hombre. Pero su realización efectiva ya no estaría en un tiempo o lugar determinado sino en las manos caprichosas de un Dios cruel. La lucha entre lo político y lo privado, la sociedad y el individuo se resuelve en las tribulaciones entre la pasión y el deber, entre la sensualidad del Oriente y el espíritu guerrero de Occidente. Ambas esferas aparentemente irreconciliables anidan en lo más profundo del corazón humano: Oriente: bella mujer de formas sensuales; Occidente: fiero guerrero de cuerpo anguloso. De aquí las dos propuestas de paraíso, el sensual del Corán y el frío y espiritual de la Biblia. Las religiones son los sueños de la mente humana.[151] El hombre crea a Dios y Dios crea los sueños de los hombres. Las utopías se convierten en sueños, en sueños del hombre como colectividad. Las utopías son los sueños de las sociedades que en un primer momento tomaron la forma del mito. En la Edad Media el sueño fue sustituido por anhelo de santidad. En el renacimiento, el hombre vuelve a ensoñarse, a fantasear sobre la realidad posible, sobre su

---

[149] Tamayo, J.J. , *Invitación a la utopía*. Madrid: Trotta, 2012, págs. 143ss.
[150] Habermas (1982), *Ob. cit.*, pág.186. También sobre este proceso hacia una sociedad de la comunicación, la filósofa Eva Illouz habla que vivimos el tiempo del *homo comunicans*, un humano que vive su experiencia del mundo bajo la eficacia de la comunicación y el control de las emociones. V. Illouz, E. (2010) *La salvación del alma moderna*. Katz.
[151] Feuerbach, *La esencia del cristianismo*. Trotta, 1995.

destino, donde el sueño ahora toma forma de ciudad ideal.[152] De esta manera, tras el paréntesis medieval, lo utópico vuelve a formar parte de la realidad humana. Ahora no se encuentra más allá, como premio o castigo de un Dios caprichoso, sino que entra en la esfera de la voluntad humana. Lo utópico recobra su valor y vuelve a tomar forma real, si bien, en la esfera de lo realizable, lo que todavía no es, pero puede ser. Kant lo expresaría magníficamente con la diferencia entre el ser y el deber ser. Para Kant, lo utópico, la utopía, forma parte de ese deber ser que todavía no es. Por eso mismo, la utopía tiene fuerza, capacidad de producir movimiento, en sentido ilustrado de aunar voluntades.

El psicoanálisis nos enseñó que los sueños son la manifestación de los deseos incumplidos del hombre. Los mitos serían las fantasías provenientes de las represiones originarias inducidas sobre los individuos en la constitución de las sociedades primitivas que serían, por tanto, los síntomas de la represión que toman la forma de símbolos colectivos. Al igual que los individuos, las sociedades pueden desarrollar neurosis. Las neurosis surgen como consecuencia de la represión. Esta represión puede ser de varios tipos. Freud destacaba la represión de contenido sexual, pero en las sociedades primitivas es más lógico pensar en una represión en el uso de la violencia. Los individuos renunciarían al uso indiscriminado de la violencia para dirimir los conflictos. La consecuencia inmediata es una lucha por el poder. El control de las instituciones que mantiene la prerrogativa del uso de la violencia son piezas clave para poder hacer uso de la misma en beneficio de individuos determinados. ¿Es la cesión del uso de la violencia voluntario? En un momento ideal podemos pensar que sí y que esto llevaría al *contrato social* — un acuerdo voluntario entre todos los individuos de una sociedad en el cual se otorgaba a una institución o persona el ejercicio del poder a cambio de una serie

---

[152] Zambrano, María (1986), *Ob. cit.*, pág.155.

de reconocimientos, limitaciones, etc. en el uso del mismo—, que con el tiempo se corrompe y da lugar a las sociedades estamentales. Pero por otro lado, podemos pensar en un proceso natural como consecuencia lógica de las estructuras primitivas de la vida grupal innata de los primates. Las organizaciones naturales biológicas estarían supuestamente controladas por el más fuerte. Poco a poco este individuo, «mejor dotado biológicamente», iría asumiendo el uso exclusivo de la violencia. Esta prerrogativa actuaría en dos direcciones: imponer las decisiones propias e impedir a los demás defenderse de manera violenta. No existiría un acuerdo tácito entre hombres libres, sino una represión continua y creciente ejercida a lo largo del tiempo. Una represión que las sociedades han olvidado,[153] pero que sigue ejerciendo su acción a través de la pulsión o impulso del deseo. La desviación que produce este efecto se manifiesta en la neurosis que en la historia de las sociedades es obsesiva, es desplazada al pensamiento y produce la inseguridad. La reacción ante la inseguridad se manifiesta en un primer momento en los mitos como fantasías que intentan ocultar esta inseguridad, dando un explicación de lo desconocido, dirigiéndose a aplacar el miedo. El mito es una lucha contra la arbitrariedad por parte de una conciencia torturada de la realidad.[154] Pero en el mito lo sagrado todavía forma parte del mundo natural, de una materia o esencia distinta pero perteneciente al mundo e interactuando con el mundo. Al desplazar lo sagrado —que estaba ligado al mito— fuera del mundo, al constituirse lo sagrado como aparte del mundo, como instancia última pero fuera de lo natural surge el sueño utópico que en Occidente es traído de la mano del cristianismo. La utopía, pues, se convierte en el sueño de Occidente, el deseo no realizado, el impulso del deseo, el síntoma de esa renuncia originaria en la fundación de las sociedades. Ahora el terror, el miedo también se desplaza al

---

[153] Como dice Freud: «la esencia de la represión es el olvido».
[154] Blumberg, H., *Trabajo sobre el mito*, Paidós, 2003, pág. 81.

exterior, fuera del mundo. El cristianismo significa también la invención del miedo eterno (miedo después de la muerte). Ya no es un miedo físico, característico de las sociedades clásicas, sino un miedo psicológico, mental. La utopía cristiana es un sueño eterno, una promesa para la otra vida, un sueño fuera del mundo que depende de nuestros actos en la vida terrenal. Un sueño que tiene dos caras: el paraíso y el infierno, la felicidad o el terror.

En realidad hay una nueva ruptura con la tradición que se había intentado recuperar en el sentido en que desaparecen dos ilusiones de la modernidad: la felicidad y la emancipación que se corresponden con el aumento de la riqueza social y del poder sobre la naturaleza. La modernidad niega la utopía como sueño e intenta recuperar lo utópico en el mundo a través de la ciudad ideal. Pero las sociedades niegan esa utopía como sueño. Cuando siendo conscientes de la fantasía onírica, la niegan como tal e intentan reconstruir una sociedad fundada en valores originarios no represivos, entonces surge la perversión, las sociedades perversas. Sin embargo, paradójicamente, las sociedades perversas se apoyan en la represión para su subsistencia. No pueden admitir nada distinto y la construcción de lo originario fuerza al uso de la violencia contra el disidente. La construcción social es una tarea colectiva y como tal no puede admitir en su seno lo diferente, lo distinto, la pluralidad de concepciones, de identidades. Están definidas por el dogmatismo identitario, que significa el olvido de todo lo que no pertenece al dogma. El grado de perversión de estas sociedades puede ser distinto llegando a diferentes estadios de la reconstrucción de la esencia social originaria (como ejemplos de sociedades perversas estarían el fascismo y el nazismo, los jémeres rojos, los fundamentalismos de cualquier tipo y las dictaduras basadas en la religión). Todos intentan una vuelta a lo auténtico, a un estadio anterior originario como síntesis de la utopía realizada: la felicidad perdida a causa de las culpas y traiciones de los pueblos a este sentir primigenio. Las realidades, por otro lado, son diferentes de lo que anuncian y suelen desembocar en Estados totalitarios que ejercen la violencia, la represión continua y prolongada en el tiempo (obviamente en el tiempo marcado por su duración). El recurso al terror es una constante en la historia de las civilizaciones. Lo que cambia es el tipo del terror al que se acude. Al cristianismo le debemos, en Occidente, la invención del terror o miedo eterno (el que está más allá de la muerte), que en definitiva es un miedo mental, psicológico que invade y se superpone al miedo físico, que fue el recurso clásico de terror utilizado por los romanos.

Un momento de esta perversión lo constituye el uso perverso del lenguaje.[155] Si bien todas las sociedades o gobiernos totalitarios acuden a un uso perverso del lenguaje para sus fines, no todo uso perverso del lenguaje tiene que desembocar en un caso de fractura lingüística, o lo que es lo mismo, gobiernos no totalitarios pueden hacer ocasionalmente un uso perverso del lenguaje para fines específicos sin que ello tenga necesariamente que desembocar en una quiebra de la sociedad: sociedad escindida, sociedad desgarrada o fracturada.[156]

Pensar la utopía es pensar hasta el final, el límite, de llevar al pensamiento hasta un estadio que sería el ideal de acuerdo a los presupuestos de lo existente. En relación a la sociedad, dadas unas condiciones determinadas (X) deberíamos preguntarnos por qué no funciona la sociedad como debiera, dónde están los fallos o fugas del sistema y pensar en un sistema social ideal prefecto, sin fallos. La utopía —como señalaba al principio— es la idea platónica, el modelo al que aspirar, motor de progreso, de evolución social. Destruir la utopía es condenarse a no hacer nada. El hombre necesita la utopía para la acción destinada a la realización de la misma, con la esperanza de

---

[155] Sobre este tipo de lenguaje me remito a lo dicho en el capítulo VI, la fractura lingüística.

[156] Huntington habla de Estados escindidos y Estados desgarrados. *Ob. cit.* (1997), págs. 159-183.

que algún día se cumplirá pero sabiendo al mismo tiempo (y esta es la paradoja y la tragedia de la existencia humana) que el día que se cumpla el deseo utópico será el fin de su existencia, dando así cumplimiento a la maldición de los dioses: ¡que se cumplan tus deseos! (Sirva como ejemplo la conquista de América. El éxito de los conquistadores consistió en que eran el cumplimiento de una profecía. Los indios americanos cumplieron su mito y se acabó la razón de su existir, su religión, se acabó la historia autóctona para empezar la historia sagrada, al fin y al cabo otra historia).

La filosofía actual tiene como misión pensar la utopía para que sea real. Sólo en el pensamiento de lo utópico pueden crearse las condiciones previas, a priori, para que se haga real, se cumpla en el mundo lo pensado aunque esto nos obliga a pensar en las condiciones de lo posible. «¿Qué podemos hacer?», sería para Javier Echevarría,[157] la pregunta anterior a la pregunta «¿qué debo hacer?». Si nos planteáramos ser dioses como utopía, sería un autoengaño pues no está en lo posible que seamos divinos, por ello, la utopía debe de estar dentro de lo posible.

---

[157] Echevarría, Javier, «¿Qué puedo hacer y no debo?». En Rodríguez Aramayo, *Disenso e incertidumbre*, Plaza y Valdés, 2006, págs. 479-505.

X
LA METAFÍSICA DE LA POLÍTICA
(O ¿LA POLÍTICA COMO METAFÍSICA?)

El lenguaje político es un lenguaje fracturado. Es un lenguaje que rompe el uso ordinario del lenguaje. Al igual que la metafísica, el lenguaje político comete un abuso y emplea palabras, no según su significado ordinario, sino según significados especializados y oportunistas. De igual modo que el filósofo G. E. Moore aplicó su defensa del sentido común y del lenguaje ordinario para acabar con los excesos de la metafísica, es necesario aplicar a la política el sentido común. Las expresiones del lenguaje tienen un significado ordinario o popular y esto es lo que algunos discursos políticos ponen en duda. Es necesario denunciar los usos extravagantes y peculiares que permiten (en política) hacer afirmaciones incomprensibles, denunciar el lenguaje político que convierte el lenguaje público en privado. Hay que reivindicar el uso ordinario del lenguaje: las distinciones corrientes en el lenguaje no se pueden jamás pasar por alto sin peligro.[158]

---

[158] La política española actuales un ejemplo paradigmático de este uso del lenguaje. Los mensajes y lemas de los partidos políticos son vacíos, no dicen nada ni expresan nada. Su ambigüedad permite cualquier significado. Como ejemplo tenemos la propuesta de bajar impuestos ¿Qué impuestos? Los impuestos en general son ambiguos. Se pueden bajar unos y subir otros con lo que siempre se cumple la propuesta. En la última campaña electoral nos encontramos con lemas como «Adelante España» o «España entre todos» ¿Qué es España? ¿Quiénes somos todos? Cualquier cosa cabe en el significado de esos conceptos tan abiertos.

Los políticos, al igual que los sofistas de la antigua Grecia, usan un discurso falso,[159] manipulador, con el solo objetivo de obtener réditos electorales. Su preocupación no es la sociedad, la justicia o la búsqueda del buen gobierno, sino la obtención del poder.

El lenguaje expresa una forma de vida y por ello mismo es patrimonio de todos y pertenece a todos. Cualquier modificación del mismo afecta a todos. Si se rompe la intersubjetividad, entonces solo puede ser remplazada por la imposición.

La ruptura entre lo individual y colectivo, entre las identidades individuales y sociales se manifiesta a veces de manera violenta. Las revoluciones serían una manifestación extrema de esta fractura, en donde lo individual no se reconoce en lo social y además la identidad mayoritaria impide el desarrollo de las personalidades. La construcción de las identidades individuales y las identidades colectivas llevarían el paso cambiado. La única salida posible es el asalto al poder establecido. Las revoluciones indican el camino hacia la constitución de una nueva identidad colectiva como expresión de las identidades individuales (caso de la revolución francesa).

El autoritarismo nunca es la solución, aunque ante el descrédito y corrupción democrática pueda parecerlo. Los problemas de las democracias surgen precisamente cuando degeneran en nepotismo o demagogia, es decir, en gobiernos corruptos con la aparente legitimación de una mayoría que en muchas ocasiones no es más que la expresión de una minoría que ejerce el voto con respecto a una mayoría silenciosa. La profundización y búsqueda de nuevas formas de expresión de-

---

[159] Para José Luis Pardo no hay discurso falso y no lo hay porque el discurso falso es un falso discurso, y un falso discurso es un no-discurso y lo que no es discurso no puede calificarse de modo alguno (ni como verdadero ni como falso) (*La regla del juego,* Círculo de lectores, pág. 167). Pero esto es precisamente el recurso sofístico para salir de la discusión, es decir, la negación de la existencia del discurso falso es la negación de la comunicación, es lo que repetidamente se ha dicho aquí, el punto de la fractura lingüística.

mocrática se hacen ineludibles para cualquier régimen democrático que quiera seguir siéndolo. Todo gobierno tiene que estar permanentemente atento a lo que sucede en la sociedad de la que emana. No puede contentarse con establecer unos cauces como permanentes y esperar que reflejen en todo momento la expresión de los gobernados.

Aun así, ¿por qué se eligen a gobiernos que apoyan con sus actuaciones a esa minoría selecta en contra de la mayoría?, o dicho de otra manera, sabiendo como se sabe que las políticas clásicas apoyadas en economías ortodoxas de gasto público son claramente ineficaces y que lo único que pretenden es el beneficio de intereses particulares, en contra de una política social mayoritaria, ¿Cómo es que los ciudadanos voten opciones políticas de este tipo? ¿Qué mecanismos sociales, psicológicos o de cualquier otro tipo actúan para conseguir mayorías que gobiernan en contra del interés general? Podemos pensar que se basan en un amplio absentismo, y que se apoyan en una minoría votante afín a sus intereses. Pero esto no explica el problema, pues esos mismos mecanismos actuarían para impedir el voto de los absentistas, para que se quedaran en casa. En cualquier caso, la pregunta planteada es la misma y es pertinente.[160]

---

[160] En las elecciones presidenciales del 2004 de los EE. UU., la participación fue aproximadamente del 60% y G. Bush consiguió el 51 % de los votos. Un amplio debate sobre las razones del apoyo a Bush se inició con el objetivo de explicar el apoyo de los ciudadanos americanos a las políticas llevadas durante el primer mandato de G. Bush, políticas claramente ideologizadas y a favor de intereses de una minoría en contra de una mayoría. Las razones más aducidas se situaron en la preeminencia de un discurso místico-religioso. Hubo un desplazamiento de las preocupaciones económicas hacia las religiosas. Fue un voto de defensa de unos supuestos valores amenazados. Muchos votantes republicanos eran conscientes de que la política económica de G. Bush era claramente contraria a sus intereses, pero sin embargo, le votaron porque se sentían amenazados en sus creencias fundamentales, en aquello que daba sentido a sus vidas. Lo dicho en la nota 98 sobre la *moral majority* republicana es válido aquí también.

Todos sabemos que el gasto en ejércitos, armas, guerras, policías es excesivo y produce poco bienestar social, sin embargo, los gobiernos siguen apelando a este tipo de gastos y justificando esta inversión ruinosa.

Un ejemplo paradigmático del engaño de este tipo es el gasto sanitario en los EE. UU. El gobierno americano gasta aproximadamente un 16,6% del PIB en la beneficencia de sanidad, que sólo atiende y mal a apenas un 10 % de la población.[161] La mayoría de la población debe acogerse a un seguro médico privado, pagado de su bolsillo, y con unas coberturas muy limitadas. Es evidente que a los EE. UU. le saldría más barato una seguridad social universal al estilo europeo, con todas las ventajas que ello conlleva y el beneficio general de toda la población y no solo de corporaciones privadas. Se sabe que la salud no es un asunto privado. Yo y mi familia estaremos sanos o tendremos una buena salud en la medida en que mis vecinos estén sanos y tengan una buena salud. Como diría Ortega y Gasset, «Yo soy yo y mi circunstancia y si no la salvo a ella no me salvo yo».

Lo mismo ocurre con la seguridad. Hay una tentación de que invertir en policías, armas, mejores y más dotados ejércitos y en la privatización de la seguridad ciudadana traerá más seguridad a la ciudadanía. Más lejos de la verdad tal creencia, que como todas las creencias se basan en sentimientos, convicciones morales pero no en hechos o análisis científicos y racionales de la realidad. Una buena política social que invierta en los ciudadanos, en evitar que tengan problemas económicos insalvables, en educación, en generar oportunidades de llevar una vida digna, es una política de seguridad mucho mejor que la anteriormente descrita. Sabemos que uno no se dedica, por norma ge-

---

[161] En España el gasto sanitario es del 10, 5 %. Datos del año 2021. Véase *Statista* (https://es.statista.com/estadisticas/636148/paises-con-el-mayor-gasto-en-salud-como-porcentaje-del-pib/). Para una comparación con el año 2006 V. Sachs J. D., *Lecciones del Norte, El País*, 25 de abril de 2006.

neral, a la delincuencia de baja acción (que es aquella que tiene una mayor incidencia y es sufrida por la población general) si puede evitarlo; y sabemos que la pequeña delincuencia ocurre en contextos socioeconómicos desfavorables. Es más productivo, desde un punto de vista de la mayoría de la población, invertir en evitar las bolsas de marginación social que es donde se produce esa delincuencia menor, que en aparatos represivos cada vez más sofisticados. Esto, obviamente, no quiere decir que se vaya a acabar con la delincuencia, pero sí que se va a reducir su incidencia de manera significativa. Lo mismo vale para las drogas, la vivienda, transportes, etc. y sus políticas. Ahora, la pregunta sigue estando ahí presente ¿Cómo es posible, si esto es así y es fácilmente comprobable por cualquiera que tenga una mínima inquietud y curiosidad, que se siga dando la confianza a opciones que apoyan y realizan estas políticas desfavorables? ¿Cómo es posible que la mayoría de la población no se de cuenta de estas obviedades? ¿Cómo siguen ganando elección tras elección políticos con propuestas de reducción del gasto social y aumento del gasto militar e infraestructuras carísimas?[162] O en palabras del economista Galbraith: «¿Cómo es posible que, en una comunidad democrática, la mayoría de los votantes apoyen el aumento de la desigualdad?».[163]

Rafael Argullol apunta a una conjura entre los necios y los canallas: Los canallas gobiernan porque cuentan con el asentimiento de las masas ignorantes, de los necios.[164] Y es cierto que los políticos neoconservadores proliferan en países con poco gasto social y educativo. Las políticas de la seguridad se apoyan en la ignorancia de las masas. Ortega habla del peligro del gobierno de la masa, que no es capaz de discernir y gobierna

---

[162] Actualmente a raíz de la guerra en Ucrania los gobiernos europeos y la propia UE están aconsejando aumentar el gasto militar, sabiendo que esos gastos se harán a costa del Estado de bienestar si queremos cumplir con las reglas fiscales fijadas por el banco europeo.

[163] Zygmunt B., *Trabajo, consumismo y nuevos pobres*, Gedisa, pág. 88.

[164] *El País,* 21 de octubre de 2003.

ciegamente, sin tener en cuenta un interés más amplio y general que el del reducido mundo donde se desenvuelve el hombre medio.

Según Weber el desarrollo del capitalismo viene asociado a la moral puritana que separaba el ámbito de lo económico: la producción de bienes materiales, del ámbito privado: el resto de la acción vital del hombre. La acumulación de riqueza era una consecuencia no deseada del ascetismo de la vida del puritano, pero al final lo que en un principio no era más que una segunda piel, un disfraz ideológico fácilmente prescindible (Engels, F.), un manto liviano, se convierte en una jaula de hierro.[165] Lo que en un principio era una consecuencia no deseada, un aditamento, se convierte en un fin en sí mismo: ya no importan los medios para defender los logros y la riqueza tan «trabajosamente» conseguida.

El capitalismo tardío, pues, inicia una nueva fase con el asalto al poder y extiende su éxito en la reproducción material de bienes a todos los ámbitos de la vida: educación, salud, servicios sociales, la cultura, etc., e introduce los esquemas de división del trabajo y de valor monetario en las cosas abstractas, no materiales. La eficacia económica esconde, en realidad, una sociedad competitiva, de individuos insolidarios[166] que compiten no solo por bienes materiales sino también por imponer sus propios valores morales que, en definitiva, son la traducción de sus intereses económicos en una sociedad declarada moralmente neutra. El resultado, lo que en lo material es un rotundo éxito, en lo humano es un rotundo fracaso.[167] El auténtico religioso, liberal en términos económicos, no debe-

---

[165] Bartra, Roger, *Ob. cit.*, pág. 89.

[166] Martínez de Velasco, Luis, *La democracia amenazada*, Madrid: Fundamentos, 1995.

[167] «En efecto si la experiencia nos suministra las reglas y es la fuente de la verdad en lo que afecta a la naturaleza, esta misma experiencia es (desgraciadamente) en lo que toca a las leyes morales, madre de la ilusión». Kant, *Crítica de la razón pura*, A319.

ría permitir esta intrusión de lo económico en lo social. Los nuevos capitalistas tardíos se comportan como las mafias, ya no les interesa solo el éxito económico y la defensa de los valores tradicionales asociados al mismo, sino también la toma del poder para defender sus pretendidos éxitos y ocultar sus fracasos. El éxito económico, como reflejo de la voluntad de Dios, abandona los criterios y normas por los que en un principio se constituyó: la vida austera, el esfuerzo y el trabajo, para constituirse en conceptos tales como la lealtad o pertenencia a las esferas de poder apropiadas o grupos afines, lo que en España se llama el amiguismo y en términos actuales el clientelismo o filibusterismo económico. Adela Cortina lo llama el feudalismo democrático, una democracia en la que los individuos acuden a los grupos de individuos iguales para defender sus intereses, pero para ello debe prestar juramento de vasallaje al grupo, recordando a las formas feudales.[168]

El individuo libre se disuelve en la corporación que es quien negocia, pacta y firma convenios. Salvador Giner llama a esta feudalización, la «construcción gremial de la realidad», un feudalismo con un pretendido fundamento en principios democráticos. El peligro que se corre es cuando la legitimación democrática del sistema se vuelve inoperante. Siguiendo a Kant, los capitalistas tardíos confunden el precio con la dignidad: solo las cosas tienen un precio, un valor de cambio; y solo la vida, las personas, tienen dignidad. El paso lógico siguiente en lo político es peligrosamente preocupante: la dictadura o la oligarquía. ¿Pueden los EE. UU. convertirse en una dictadura? Hoy en día parece altamente improbable dada la solidez y tradición del sistema democrático norteamericano, pero la Atenas de Pericles también era una democracia sólida y su fracaso imperial fue su fracaso político. Los imperios solo se pueden mantener con sistemas políticos totalitarios. El dilema de los EE. UU. es o renuncia al Imperio o renuncia a la democracia.

---

[168] Cortina, Adela, *Ética sin moral*, Tecnos, pág. 269.

XI
LA POLÍTICA DE LA SIMULACIÓN

*El calamar suelta una tinta negra
para confundir al adversario
y ocultar su huida.*

Max Weber entendió la racionalidad como la lógica de fines y medios. Esta lógica se traduce en la manifestación del propio interés, en un cálculo para llevar a cabo los intereses propios como fines, mediante el establecimiento de los medios adecuados.

En las democracias, este cálculo de intereses se establece mediante el juego entre partidos políticos que se constituyen como formaciones o agrupaciones que representan los intereses de clase. Marx determinó el poder en términos de interés: «el poder es detentado por una clase dominante definida por sus intereses».[169] En el juego democrático, en una lógica de decisión por mayorías, terminaría por imponerse el interés de la clase mayoritaria como clase dominante. El triunfo sucesivo de la mayoría debería llevar a una creciente igualdad económica y a la desaparición gradual de la desigualdad basada en el dinero, por la misma lógica del poder. Sin embargo, la experiencia enseña que esto no ocurre, ¿Cuáles son los motivos? ¿Qué ocurre?

En el juego político democrático, los ricos, si son pocos, intentarán cambiar o manipular las reglas de juego, pues saben que como minoría difícilmente pueden alcanzar el poder. La

---

[169] Foucault, M., *Un diálogo sobre el poder*, Alianza, 1981.

tentación totalitaria, hoy en día, no es un cálculo racional. Lo fue en un momento del siglo XX, y la experiencia ha enseñado que además de tener un gran coste difícilmente asumible establece más elementos incontrolables que el juego democrático. Para que una minoría pueda ganar en el juego de mayorías solo hay una forma no violenta de hacerlo; y es rompiendo una regla sagrada de la moral puritana: *la sinceridad*, la no ocultación de los intereses de clase. En el juego político de la democracia, si se rompe la regla de la sinceridad se juega con ventaja, pues a la vez que los contrarios se vuelven predecibles y calculables sus movimientos, el que consigue ocultar sus intereses resulta impredecible, opaco ante los demás, sus movimientos no son calculables en un juego abierto. Como el calamar, el objetivo principal para una minoría rica en el juego electoral es la ocultación de los propios intereses.

Esta estrategia funciona mientras no se haga explicita la quiebra de la regla de la sinceridad, es decir, mientras la mayoría siga creyendo que juega a un juego justo y honesto en el que todos juegan sus cartas abiertamente sin ocultar un *as* en la manga. La ventaja de romper esta regla de la sinceridad consiste en que los intereses propios de la clase minoritaria puedan presentarse como los intereses generales, y, de esta manera, puedan ser adoptados como propios por la mayoría, sin saber que, en realidad, lo que hacen es defender los intereses de los transgresores de la regla. El resultado final es que los sucesivos gobiernos representantes de la mayoría defenderán los intereses de una minoría rica creyendo que defienden los intereses generales. La mentira se ha convertido en forma racional de gobierno.

Los grandes partidos políticos de las democracias actuales saben utilizar muy bien esta estrategia del calamar. Confunden y despistan a los ciudadanos «ennegreciendo» el lenguaje político. La batalla política por el poder ha pasado a ser una batalla lingüística, de palabras. El campo de batalla es el propio lenguaje; los hechos han quedado ocultos bajo la «tinta» de las palabras, dotadas de significación múltiple e inestable, del discurso político. Para esta estrategia de los «falsos políticos», Adela Cortina ha adoptado el término de *la moral del Camaleón,* porque ocultan sus verdaderos intereses bajo una moral camuflada. Otros nombres que recibe son *la estrategia del prestidigitador, la estrategia del calamar o la política de la simulación.* La naturaleza de esta estrategia consiste, fundamentalmente, en la «regla del todo vale» y en la producción de mucho ruido para ocultar lo esencial, «lo que no interesa». Así, el espacio político se ve inundado con debates intrascendentes para evitar que se hable de lo verdaderamente importante. Como dice Adorno, las sociedades modernas son sociedades de malhechores que ha inundado el mundo con el barullo de sus máquinas para ocultar su codicia y avaricia desmesurada, la injusticia de un sistema que produce individuos atomizados y que han perdido el sentido de lo colectivo.[170]

Esta estrategia tiene las siguientes consecuencias:

a) <u>Traslocación y amalgama de todos los valores</u>. En un mundo donde no es posible diferenciar los opuestos, donde los contrarios conviven pero no son posibles de discernir, donde se genera un vacío moral por la imposibilidad de encontrar puntos de referencia en la totalidad informe, el conjunto que presente una coherencia dentro de esa amalgama tiene ventajas a medio plazo a la hora de llenar ese vacío producido por el exceso de oferta. Lo que al individuo le salva del vacío es la identidad y la búsqueda de identidad es principalmente sentimental. El vacío moral augura el vértigo y la sublevación anárquica, sin fin ni objeto, el miedo a lo desconocido acompañado de la rabia. Las salidas a esa frustración son inmediatas, no tienen por qué ser pensadas, no hay tiempo para la reflexión.

b) <u>El fin de las ideologías: La erosión de la racionalidad política.</u> Las formaciones políticas, sindicatos y demás órganos

---

[170] Adorno, Th. W., *Minima Moralia*, Akal, 2004.

105

de representación se desacreditan y pierden confianza en beneficio de otros movimientos sociales como alternativas a convertirse en nuevos sujetos políticos. Es el fin de las ideologías y de los mensajes universalistas. Es lo que el historiador Isaiah Berlin llamaba el fin de las ideas. Lo que ocurre en realidad es la desconcienciación de clase. Nadie quiere admitir que pertenece a una clase trabajadora. Todo el mundo se considera que forma parte de una «clase media» con la esperanza de subir en la escala social. Esta clase media informe es una clase desclasada, contraria a todo antagonismo, representa la *falsedad encarnada*,[171] un fetiche más dentro de la lógica del fetichismo de la mercancía a la que el modo de producción capitalista somete a toda la realidad.

c) La simulación, es decir, de lo que no es ni verdadero ni falso. No existen universos referenciales. Es la incertidumbre total.[172] Se establece una vinculación interesada entre pobreza y criminalidad. Las sociedades posmodernas están cambiando la ética del trabajo por la ética del consumo. El dinero se transforma en el medio para el consumo. La relación directa que se establece entre consumo y dinero —el trabajo mantenía una relación mediada entre el dinero y el consumo: un trabajo facilitaba dinero que daba acceso al mercado del consumo— termina por convertirse en un fin en sí mismo. La urgencia del consumo se apodera de los individuos hasta constituir su modo de vida, su forma de ser. Si no se puede acceder al consumo surge la frustración. La identificación ha pasado del trabajo a la mercancía. Si uno no consume no es nadie. Ahora lo importante es consumir y el individuo busca el consumo por encima de todo, y como no puede esperar, en una sociedad que ya no le ofrece la seguridad del trabajo, el recurso a la

---

[171] Zizek, Salvoj, *En defensa de la intolerancia*, sequitur, 2007.
[172] Baudillard, J., *Estrategias fatales*, Anagrama, 1994, p. 93.

criminalidad y la delincuencia es muy tentador para acceder al pleno consumo.[173]

Como ejemplo tenemos a las dos grandes ideologías políticas de las democracias liberales: los laboristas en los países anglosajones junto a la socialdemocracia europea; y los conservadores junto a los democristianos y liberales. Los partidos laboristas basaban su éxito en la identificación del obrero con el partido. Propugnaban una política de reconocimiento: un trabajador, que se reconozca como tal, no podía votar otra cosa que laborista. La política de simulación del laborismo consiste en que han aprovechado esta identificación para hacer una política económica conservadora justificándola como «realista» y de acuerdo a los intereses de los trabajadores. Los laboristas, como los socialistas europeos no pueden evitar caer en la contradicción, dicen, defendamos el Estado del bienestar destruyendo el Estado de bienestar. Es el fracaso de la socialdemocracia.

A los partidos conservadores de las democracias liberales les ocurre lo mismo. Los conservadores dicen defender unos valores como la familia, la comunidad local y las tradiciones pero en realidad fomentan el liberalismo económico que se traduce en la especulación de la vivienda, la reducción de las ayudas públicas y la existencia de unos horarios laborales que impiden la conciliación familiar, además, no protegen o fomentan tradiciones que no tengan una traducción económica de beneficios. Dicen defender la tradición pero acabando con toda tradición. Es el fracaso de la sociedad liberal.

Las consecuencias de estas actitudes llevan a admitir la imposibilidad del decir mismo, del hablar, en definitiva de la política, es decir, de la construcción de espacios comunes donde intercambiar las posiciones propias. Es el fin de

---

[173] L. Aranguren, J. L., *Propuestas morales*, p. 127.

107

la misma comunicación.[174] Las consecuencias del fin de la comunicación son fácilmente predecibles: el fin de las democracias como las entendemos hoy en día. Las alternativas serían las dictaduras o democracias depauperadas.[175]

Las sociedades modernas han pasado de la cosificación del mundo de Descartes a la mercantilización del mundo de las sociedades de mercado. Heidegger dice que no hay mundo y por tanto ontología. El lenguaje no expresa nada y el nihilismo es un vacío no solo de objetivos sino también de objetos. ¿Qué ontología es posible? ¿Qué mundo podemos recuperar o inventar? ¿Qué ser?

El siglo XX se ha convertido en el «ocaso de las utopías» o en la era o lugar de la desutopía.[176]

---

[174] Hemos afirmado a lo largo del libro que las sociedades tardocapitalistas se basan en la comunicación. Por lo tanto, es el fin del *homo comunicans* y por ende de la economía que lo sustenta. Como dice Giorgio Agamben, es el lenguaje que se ha emancipado de sus fines comunicativos. *Ob. Cit.*, pág.116

[175] Según I. Sánchez Cámara, democracias frenéticas y morbosas (curso de formación del profesorado, Universidad Internacional Menéndez y Pelayo, Santander, septiembre, 2005).

[176] Walsh, Chad, *From Utopia to Nightmare,* NY, 1972 y Richter, P. E., *Utopia, dystopia*, Cambridge, 1975.

Epílogo

Parecía poco probable que las predicciones que se hicieron al final del libro fueran a cumplirse. Sin embargo, los últimos acontecimientos acaecidos van en la línea de lo dicho. Hay ejemplos que lo corroboran. En las elecciones a la presidencia de Estados Unidos en el año 2020 se produjo un hecho insólito que nadie podía imaginar que ocurriera en la democracia más antigua del mundo moderno: el asalto al capitolio. El presidente en ejercicio, Donald Trump, no admitió su derrota en las elecciones y animó a través de las redes sociales a impedir la declaración de la victoria de Biden en el capitolio. Para Trump y sus seguidores, después de un recuento angustioso, las elecciones habían sido manipuladas y hubo fraude electoral por parte del partido demócrata. Una banda de exaltados se dirigió al capitolio de los Estados Unidos que es la sede del congreso, el poder legislativo del gobierno federal, entrando en el mismo con actitudes violentas y creando el caos, y todo, parece ser, con la inhibición de la policía en un primer momento. En mayo de 2024 Donald Trump fue declarado culpable de 34 delitos y está pendiente todavía del juicio por los hechos que sucedieron por la toma del capitolio. Sin embargo, lo preocupante de la situación actual es que a pesar de los excesos y actitudes populistas y autoritarias de Trump, las encuestas le dan como vencedor en las próximas elecciones presidenciales de noviembre de 2024. Además, el partido republicano está dominado por una derecha radical con un discurso populista y marcadamente xenófobo y fundamentalista religioso y que no pone en cuestión el liderazgo de Donald Trump, quien ha manifestado que si no gana es por fraude electoral y sería legítima una violencia para impedirlo. Que un personaje como

Trump vuelva a la presidencia del país más poderoso del mundo es altamente preocupante para el orden mundial y para los propios estadounidenses, que aunque parezca improbable, pueden verse abocados a una democracia autoritaria tipo la de Rusia de Vladimir Putin, amigo declarado de Trump.

En Italia ha vencido en las últimas elecciones el partido heredero de los fascistas de Mussolini y en las últimas elecciones europeas de junio de 2024, la extrema derecha ha subido significativamente en la mayoría de los países europeos.

La guerra de Ucrania y el conflicto eterno israelopalestino dan signos de que hemos entrado en una época de la razón de la fuerza en sustitución de la fuerza de la razón. En el año 2023 el gasto militar ha aumentado en un 7%. Todo indica que seguirá aumentando en los próximos años. El mundo se está armando.[177]

Parece que se acaba el orden surgido tras la segunda guerra mundial liderado por los EE. UU. y que están surgiendo nuevos poderes y formas de gobierno distintas a las democracias liberales que han dominado la política mundial en el siglo americano.[178] Estados Unidos está perdiendo su poder e influencia que ha caracterizado este período y ante ello reacciona con la fuerza pues es lo único que le queda cuando ha renunciado al poder blando de la economía que ha caracterizado su dominio.

No sabemos qué nuevo orden mundial surgirá a continuación o si los EE. UU. podrán mantener su dominio por mucho más tiempo basado en el viejo orden de las democracias liberales. No podemos saber lo que nos depara el futuro y todo aquel que lo prediga seguramente se equivocará. No obstante, podemos dejar constancia de las lógicas y pasos que se dan

---

[177] Naim, Moises, «Armas o comida». *El País* 12/05/2024

[178] Según el historiador Eric Hobsbawm, es el período surgido a partir de la primera guerra mundial de dominación en el mundo por parte de los EE. UU.

en una dirección en particular e imaginar las consecuencias que se derivan de ello. La democracia está amenazada, hay signos que lo constatan por todos los lados. Vivimos tiempos de incertidumbre y desorientación. No sabemos lo que nos espera y los jóvenes españoles, por primera vez, declaran que creen que van a vivir peor que sus padres.[179] La mayoría de las veces las sociedades en peligro se han entregado a los brazos del caos y la violencia. No lo han hecho porque así lo deseasen sino porque ante el miedo y la impotencia a lo desconocido se han quedado paralizadas sin saber cómo responder; situación ideal para el éxito de oportunistas sin ningún tipo de reparos morales. Sin duda, una de las causas de este maremágnum es lo que se ha dicho en este libro: la fractura del lenguaje en una lengua rota.

---

[179] V. el Informe de la Cruz Roja Española: *Jóvenes españoles en un callejón sin salida: un 41% tiene miedo al futuro*. El periódico de España (https://www.epe.es/es/sociedad/20220915/jovenes-miedo-futuro-75459791)

111

BIBLIOGRAFÍA

Adorno, Th. W., *Minima Moralia*, Akal, 2004.

Alonso Cortes, Ángel, «El enfoque biológico del lenguaje», *Investigación y Ciencia*, Temas 5.

Austin, J. L., *Cómo hacer cosas con palabras*, Paidós, 1981.

Ayer, A. J., *Lenguaje, verdad y lógica*, Ed. Martinez Roca, 1965.

Barth, F., *Los grupos étnicos y sus fronteras*, FCE, México, 1976.

Barthes, Roland, *Mitologías*, siglo XXI, 2009.

Baudillard, J., *Estrategias fatales*, Anagrama, 1994.

Beattie, J., *Otras culturas*, FCE.

Berger y Luckmann: *La construcción social de la realidad*. Amorrortu editores. Buenos Aires, 1984.

Blumberg, H., *Trabajo sobre el mito*, Paidós, 2003.

Bradley, en Passmore, J., *100 años de filosofía*, Alianza.

Calusso, R., «La literatura y los dioses», Anagrama, 2002.

Camps, Victoria, *El gobierno de las emociones*, Herder, 2011.

Castilla del Pino, C., *Introducción a la hermenéutica del lenguaje*, Ediciones Península, Barcelona, 1972.

Chomsky, N. *El conocimiento del lenguaje*. Alianza Universidad, pág. 298

Chomsky, Noam, *El lenguaje y los problemas del conocimiento*, Visor, Madrid, 1989, pág.9.

Cioran, E. M., *Adiós a la filosofía y otros textos*, Alianza, 1980.

Cortina, A., *Ética sin moral*, Tecnos, Madrid, 1990.

Delumeau, J., *El miedo en Occidente*, Taurus, Madrid, 1989.

Dewey, J., *Viejo y nuevo individualismo*, Paidós, Barcelona, 2003.

Eco, U., *La búsqueda de la lengua perfecta*, Grijalbo Mondadori, 1994.

Feuerbach, *La esencia del cristianismo*. Trotta, 1995.

Foucault, M., *Un diálogo sobre el poder*, Alianza, 1981.

Frege, G., *Sentido y referencia*. Ediciones folio, Barcelona, 2002.

Gadamer, H.G., *Arte y verdad de la palabra*, Paidós, Barcelona, 1998.

Habermas, J., *Conocimiento e interés*, Taurus, 1982.

Habermas, J., *Ensayos políticos*, Ediciones Península, Barcelona, 2002.

Hauser, M. D., *La mente moral*, Paidós, 2008.

Heidegger, *Carta sobre el humanismo*, Alianza, 2000, pág. 19.

Hierro Pescador, J., *Principios de Filosofía del Lenguaje*, vol. 2. Alianza.

Huntington, *El choque de civilizaciones*, pág. 151. Paidós.

Ilya Prigogina, *El nacimiento del Tiempo*, Tusquets, 1998.

Juan Ramón Jiménez, *Espacio,* Antología poética. Cátedra, letras hispánicas, 1993.

L. Aranguren, J. L., *Ética y Política*, Biblioteca de Política, Económica y Sociológica, Orbis.

L. Aranguren, J. L., *Propuestas morales*, Tecnos, 1984

L. Aranguren, J. L., *Sobre imagen, identidad y heterodoxia*, Madrid, Taurus, 1981.

Lewis Carroll, *Alice through the looking Glass, The Complete Works of Lewis Carroll*, Chancellor Press, 1982.

Lledó, E., *Introducción a Platón*, Gredos, Madrid.

Lledó, Emilio, *Imagenes y palabras,* Taurus, 1998.

Lyon, J., *Introducción en la lingüística teórica*, Teide, Barcelona, 1979.

MacIntyre, A., *Historia de la ética*, Paidós, 1982.

Malmberg, Bertín, *La lengua y el hombre,* Ediciones Istmo, Madrid, 1966.

Martínez de Velasco, Luis, *La democracia amenazada*, Madrid: fundamentos, 1995.

Mayor Zaragoza, F., *La espada y la palabra,* Asociación española de farmacéuticos de letras y artes, 2002.

Mcdonald Jasper, James, *Nostalgia*, en *Diccionario de los Vientos*, Galaxia Gutemberg/Círculos de lectores, Barcelona, 2001.

Méndez, J. *Meditaciones éticas* (2022), Ápeiron Ediciones, Madrid.

Muguerza, J., «La alternativa del disenso», *en El fundamento de los Derechos Humanos*, Debate, 1989.

Muguerza, J., *Desde la perplejidad*, FCE, 1990.

Nietzsche, F., *La Gaya ciencia*, Círculo de Lectores, 2002.

Nietzsche, *La genealogía de la moral*, Alianza.

Ogden y Richards, *El significado del significado*, Paidós.

Ortega y Gasset, J. *El tema de nuestro tiempo, Obras completas*, tomo III, Taurus.

Ortega, Felix, *Una identidad sin sujeto*, en *Educación y cultura*, 14-15, (1999).

Parra, Nicanor, «El hombre imaginario», en *Las ínsulas extrañas*. Círculo de lectores.

Popper, K., *Conjeturas y refutaciones*, Paidós, 1967.

Richter, P. E., *Utopia, dystopia*, Cambridge, 1975.

Rodriguez Aramayo, *Disenso e incertidumbre*, Plaza y Valdés, 2006.

Rorty, Richard. *Contingencia, ironía y solidaridad*, Paidós, 1991.

Savater, F., *Humanismo impenitente*, Anagrama, 1990.

Steiner, G., *Después de Babel,* F.C.E. , 1980.

Steiner, G., *Gramáticas de la creación*, Siruela, 2001.

Valente, J.A., «A los dioses del fondo», en *El Fulgor*. Círculo de Lectores, 1998.

Von Hofmannsthal, Hugo, *Instantes griegos y otros sueños*, Cuatro ediciones, Valladolid, 2001.

Walsh, Chad, *From Utopia to Nightmare,* NY, 1972.

Wittgenstein, L., *Investigaciones filosóficas,* Editorial Crítica, Barcelona, 1988.

Zambrano, M., *El hombre y lo divino*, Breviarios Fondo de Cultura Económica, Méjico, 1986.

Žižek, S., *El espinoso sujeto*, Paidós, 2001.
Zizek, Salvoj, *En defensa de la intolerancia*, sequitur, 2007.
Zygmunt B., *Trabajo, consumismo y nuevos pobres*, Gedisa.

Este libro se publicó
en el mes de agosto
del año 2024